JN063530

ホリスティック医学×胎内記憶

エドガー・ケイシーの未来育児

日本初！
ケイシー流「育児指南書」ここにあり

光田秀
池川明

ヒカルランド

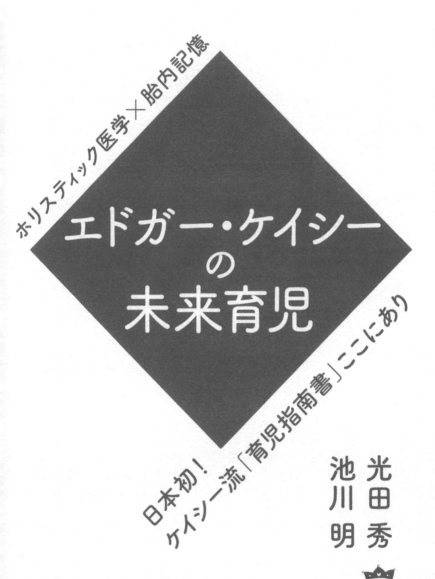

目次

Part 1
奇跡のコラボ！ エドガー・ケイシー×胎内記憶

夢のコラボ、ついに実現！　眠れる予言者×胎内記憶　7
京大生はいりません!?　光田先生、大ショック！　たま出版㊙話　11
誕生!!　日本初☆エドガー・ケイシー由来の育児指南書　17
一家に一瓶！　ココアバター常備のススメ　22
実録！　祈りエネルギーと前世の語る妊娠事情　34
ピラミッドにのっけたおにぎり＝顕在意識!?妊娠は赤ちゃんの合意あってこそ　39
超万能！　光田流メソッドは「ドリームヘルパー」応用術　44

52 中絶、流産、タブー……etc. さて、ケイシーならどうする？

58 おままごと最強説⁉&アトランティスの前世記憶

69 きょうからできる！ 魔法の「五分間☆暗示法」

Part 2 ふたりの歯医者さんと、不思議な妊娠⁉ 〜ますますアヤシい！ トーク編〜

77 いわきのスーパー歯科医・中山先生、登場！

83 「不思議な妊娠」でおなじみ！ 咲弥さんの㊙エピソード

92 ボディ・マインド・スピリットwithトラウマ！

105 トラウマは遺伝する⁉ 母子ダウンロード説の検証

111 あけてはならない！ 耐えがたき喜びの扉のさきには「死」？

117 声が変わる、味覚が変わる？ 運命転換期のサインとは

横浜の歯科医・梅津先生のビックリ症例！　「子どもたちの歯が減っている」　130
ＴＶゲームは悪か否か？　いまどき世代のスマホ事情　138
極めよ、ワガママ!?　そのさきにある利他の境地とは　146

Part 3

光田　秀／書き下ろしスペシャル
「祝福に満ちた出産・育児」のためのリーディング

祝福に満ちた出産・育児のためのリーディング　157
基本的前提　158
家庭生活を営むとは　160
受胎は神の摂理　161
妊娠中の母親の意識が大切　163
妊娠中はカルシウムを中心に食事の化学バランスを考えること　165

167 安産のためのマッサージ、腸内洗浄、ヒマシ油パック
169 出産後はココアバターで乳児の背中をマッサージ
170 男の子の育て方、女の子の育て方
171 子育てで肝要なこと

装丁 三瓶可南子
協力 宮田速記
イラスト yae works
校正 麦秋アートセンター
本文仮名書体 文麗仮名(キャップス)

免責事項

本書で紹介するケイシー療法は、エドガー・ケイシーが各依頼者に対して与えた情報をもとにまとめたものであり、いかなる効果をも保証するものではありません。本書で紹介する方法のいずれかを実行しようとする場合は、各自の責任と判断のもとで行ってください。特に、妊娠中の方や持病のある方は、必ず医師あるいはしかるべき資格を有する医療従事者と相談の上で行ってください。万一体調に異変を感じた場合はすぐに中止し、医師の診察を受けてください。

本書で紹介する方法を実施したことで生じるいかなるトラブルに対しても、著者ならびに発行元であるヒカルランドは一切の責任を負いかねることをご了承ください。

Part 1

奇跡のコラボ！
エドガー・ケイシー×胎内記憶

光田《みつだ》秀《しげる》
「日本エドガー・ケイシーセンター」会長。
池川《いけがわ》明《あきら》
「池川クリニック」院長。医学博士。

奇跡のコラボ！エドガー・ケイシー×胎内記憶

さかのぼること二年前……二〇一八年・夏、
池川先生のちょっとしたカン違いから？
このすてきな対談は実現するはこびとなりました。

（前作〜前々作を担当させていただいた）
池川先生に対して、光田先生とは今回が初対面。
ガチガチに緊張しながら、オフィスを訪ねたのを覚えています。

すると、そんなわたしの心境を見透かしたかのように「ばぁ！」と（笑）メガネを観音びらきにして（レンズがパカッ！と左右にひらくタイプ）おどけてみせて下さった、おちゃめな光田先生。あのときの驚きと感動は、いまでも忘れられません（笑）。

本書でも常々、「ユーモア」の大切さを説いておられますが……このエピソードひとつ取っても、気さくなお人柄が伺えようというものです。

そのお姿はまさしく！いつもギャグ満載に（笑）まわりを沸かせておられる、池川先生とも通ずるところがあって……そう考えると、この対談も「成るべくして成った」結果のように思います。

なにはともあれ、さっそく！
次項からのコラボ・トークをお楽しみください♪

☆こちらは2018年8月、
ヒカルランドパークで開催されました
「光田 秀×池川 明」トークショーのもようを
《Part 1》としてまとめ＆収録したものです。

先生方、よろしくお願いします！
ヒカルランド

ヒカルランド編集・加藤
(yae works)

夢のコラボ、ついに実現！ 眠れる予言者×胎内記憶

——みなさま、こんにちは！ 本日はお集まりいただきまして、誠にありがとうございます。さいごまで、どうぞよろしくお願いいたします。それでは……もうご存じでらっしゃるかと思いますが、あらためてご紹介させていただきます。

「日本エドガー・ケイシーセンター」会長でいらっしゃいます、光田秀《みつだしげる》先生……それから、「池川クリニック」院長でいらっしゃいます、池川明《いけがわあきら》先生です。

（会場から、おおきな拍手）

それではさっそく……このイベントの、そもそもの経緯なんですけれど……池川先生のカンちがいから（笑）はじまったんですよね？

池川　ははは（笑）そうでしたね。当時、まわりから「鎌倉のドルフィン先生はいい！」

と聞かされてまして、これはぜひお会いしたいな……と思っていたら、加藤さんから「じゃ、こんどドルフィン先生の講演会にいらっしゃいますか？」と誘われて。「行きます、行きます」と。

――それですぐ、「七月七日、会場は市ヶ谷の……」と、詳細メールをさしあげたんですよね。

池川　そうそう。

――そしたら六月七日に電話がかかってきて、「加藤さぁ～ん、だれもいないよ～？　いま市ヶ谷なんだけど……」って（笑）先生が。

池川　あっはっはっは（笑）。

そうなんです、ひと月まちがえちゃって。そりゃ誰もいないよね（会場爆笑）。

――（笑）もう電話のまえで大爆笑です。そばにいたスタッフも「池川先生、すごいね！」って大笑いして（笑）。いまじゃみんなして先生のファンです！

池川　光栄です（笑）。

――それで、せっかく横浜からおいでくださったことだし、ご多忙な先生とゆっくりお話しできる機会もなかなかないな……と思って、「お茶でもしませんか？」とお誘いして。

池川　気を遣ってくださってね（笑）。それで、こちらのセミナールームにお邪魔したんです。で、わたしも加藤さんも話しはじめたら止まらないから（笑）けっこう長く……。

――はい、二〜三時間（笑）。あっというまでした！

池川　おみやげにアヤシい本まで（笑）たくさんいただいちゃって。

――はい、ヒカルランドの本をたっぷりと（笑）。

それで、そのときに「こないだ、光田先生にお会いしたんですよ」と……。

池川　そうでしたね。

二〇一八年三月、光田先生とわたしで長崎に呼ばれて、講演したんです。

光田　ジョイントでね。

池川　まぁそれ以前に、飲み会みたいな場でお会いしたことはあったんですけれど……。

いっしょに講演するのは、はじめてで。

光田先生は「エドガー・ケイシー」で「リーディング」、わたしは「胎内記憶」……と、持ちネタに（笑）あまり接点がないじゃないですか。

それなので「えっ、これ大丈夫？　成立するのかな？」

とドキドキしながらジョイントしたんですけれど……案外うまくいきましたね。

光田　ね。

池川　「育児」の話になったさい、光田先生が「じつは……エドガー・ケイシーには〝育児〟のリーディング録もいっぱいあるんです。わたしはそれを参考に、子育てをしました」とおっしゃられて。

「えっ？　ケイシーは〝予言〟とか〝ひまし油〟じゃないんですか？」と聞いたら、「いやいや、それだけじゃないんですよ」と、ニヤリとなさって（笑）。

で、それにまつわる音源を一部「Himalaya（という音声配信サイト）」の「胎内記憶カフェ」にアップさせてもらったのですが……その内容が、すごく良くって。

直観的に「これからの育児は、これだ！」とひらめいて。思わず、「わたしたち二人で育児書を出したら、売れるんじゃないでしょうか？」と（笑）光田先生に持ちかけたんです。「じゃ、出版社は……？」となったさい、先生がすでにヒカルランドで執筆なさっておられたから……まぁ、そのあとわたしも、縁あってリリースさせてもらったんですけれども（笑）。

それでとにかく「ヒカルランドだ！」と思って、加藤さんめがけて（笑）「光田先生との企画、どうでしょう⁉」と提案したら

「あっ、おもしろそうですね。公開トークイベントにしましょう」というので、きょうの対談にいたったわけです。うれしいですね……で、書籍化されたら、もっとうれしい（笑）。

——はい（笑）。社長いわく「きょうの盛り上がりにかかっている！」そうで……。

光田　それじゃあ、盛りあげないといけないね（笑）。

京大生はいりません!?　光田先生、大ショック！　たま出版㊙話

——光田先生といえば、「京大のお話」がすごくツボで……（笑）。

池川　あっ、先生が就職なさるときの（笑）。当時は「たま出版」に入ろうとして……？

光田　はい。わたしは二十歳のときに「たま出版」から出ていた『転生の秘密』（ジナ・サーミナラ　著／多賀瑛　訳）に感銘を受けて、そのときから

「大学を卒業したら、たま出版に入ろう」と決めていたんです。

池川　もともと、光田さんは唯物《ゆいぶつ》論者だったんですよね？

光田　たんなる肉体的存在で、「魂はないものだ」と思っていましたし……ましてや、

「この世は、死んだらおしまいだ」という。

神さまなんて、まったく信じていませんでした。

それが、たった一冊の本で人生観が大いに変換してしまったのです。

感動があまりにも深かったので、

「わたしは全国津々浦々に、エドガー・ケイシーを伝えてあるこう！」と決意して、

さしあたってはエドガー・ケイシーの本をリリースしている「たま出版」に就職するの

がいちばん良いだろう……と思って、

大学四年になったタイミングで

「ぜひ、そちらに営業として雇ってもらえませんか？」と電話したんです。そうしたら、

韮澤《にらさわ》編集長から「そんな人は要《い》りません！」と一刀両断されてしまって（笑）。あせって、

「あの……いちおう京大生なんですけれど」と言ったら「いよいよ要りません」て（笑）。

もう、どうしたものかと……考えあぐねた末に「じゃ、大学院に行こう」となって。

成績は最下位だったけれど、いちおう受験して……院生になりました。

池川 もう、その話にすごくツボっちゃって（笑）。

「京大生、いよいよ要りません」って（笑）スゴいよね⁉

（会場を見まわして）あっ、みなさん、「たま出版」はご存じですよね？

スピリチュアル系のはしりというか……。

光田 もう、オカルトの老舗《しにせ》中の老舗でございます（笑）。

池川 そこへ京大生から「入りたい！」って志願があったら、ふつう喜びそうなものですけれど。

光田 わたしもそう思ったんですよ（笑）。

池川 そしたら「いよいよ要らない」（笑）。

光田 あとで韮澤編集長に聞いたら、

「そんな前途ある青年を、たま出版に入れてはいけない！」と思ったんですって（笑）。

池川 あ、なるほど……（笑）前向きに断っていた、と。

光田 はい。（断られて）十年後くらいに、そう聞きました。けっきょく……というか、

わたしはそこから八年越しで「たま出版」に入社したのですけれど。

池川　すごい！　やっぱりご縁があったんですね。それで……さきほどもおっしゃられたとおり、

光田先生は「エドガー・ケイシー」をずっと研究なさっていて。

ケイシーに関して〝右に出る者はいない〟というぐらい、

ほんとうに何を聞いても、答えてくださるんですよ。たとえば、

「それはケイシーのリーディング録には○個、記録されていて……」みたいに、項目数まで把握なさっていて。

光田　ものによってはね。

池川　いやいや、ものすごい知識量でらっしゃいますよ!!

みなさん！（と、呼びかけながら）ヒカルランドからは、光田先生のすばらしい本が出ていますから、ぜひとも買ってください！

――（笑）ありがとうございます。

池川　それで……わたしはさいしょ、『「1998年日本崩壊」エドガー・ケーシーの大予告』（五島勉《ごとうべん》　著／青春出版社）でしたっけ？　それこそ予言者というかオカルト系……というところからケイシーに入っていったんです。そしたら、あとになって「ひまし油」

とか……医療についても説いている、と知りまして。それで「テンプルビューティフル」さんに電話して、シャンプーを買ったりもしました。

ま、わたしにはあんまり効果なかったんですけれど……（といって、あたまを撫でる）。

光田　気にしない、気にしない（笑）。

池川　そうですね（笑）気にしない！　人生は一度きりじゃないですから（会場爆笑）。

で、「光田先生」というお名前は存じ上げていたんですけれど、なかなかお会いする機会がなくって……えぇと、あの宴会が最初でしたっけ？

光田　そうそう。ドクターたちのね。

池川　アヤしげな会でしたねぇ（笑）。「死ぬ死ぬ詐欺《さぎ》」という方もおられて。その方は、がんの末期でいらしたようなのですが……お友だちにアポをとるさい、「ごめん、ちょっと用事が……」と断られそうになると、「わたし、もう死ぬかもしれないよ⁉」と言って、むりやり会うという（笑）。それをなんども繰り返しては、「死ぬ死ぬ詐欺」と言われちゃっている……というお話でした（笑）。

あと、「ジャガイモの話」でNHK－BSにも出ていらした、本道佳子《ほんどうよしこ》さん。

宴会のときには、たしか「ニンジンの先輩・後輩」の話をしてくださって。

なんでも、あるとき本道さんが閉店まぎわ……二十二時ぐらいに買いものにいったら、ニンジン二本が「ワッセ、ワッセ」と本道さんに話しかけて（！）きたんですって。で、彼女も二本買えばいいものを（笑）小さいほうだけ買ったら、そっちが「後輩ニンジン」だったみたいで、「先輩」から「アチャ～」と声がしたっていう（笑）。あとから「先輩も買ってあげればよかったかなぁ」と思って、後輩ニンジンに「先輩、大丈夫かな？」と聞いたら、

「大丈夫っす！　先輩、根性あるから。あした、気合いが入ったお惣菜《そうざい》になるから、大丈夫っす!!」って（笑）。おもしろいですよねぇ。

このお話も、さきほどの「胎内記憶カフェ」に載せてありますから、よかったら聞いてみてください。チラッとではありますが、光田先生のお話も出てきますし……あっ、脱線してすみません（笑）。

まぁ、そんなことで、きょうに至るというわけです。

誕生!! 日本初☆エドガー・ケイシー由来の育児指南書

池川 さて、きょうは「育児」がテーマということですが……。
エドガー・ケイシーの「育児」に関する文献は、まだ本になっていないんですよね？

光田 はい。育児はまだですね。

池川 先生は「エドガー・ケイシーのリーディングを知った上で、子育てをされた」と。

光田 そうです、妻が妊娠したときからです。

池川 たぶん、そのあたりのエピソードを知っている方はいらっしゃらないかと思うので……ぜひ、お伺いできましたら。

光田 はい。エドガー・ケイシーは、ぜんぶで1万4306件ほど「リーディング」という情報を残しました。さきほど、池川先生がおっしゃられた「予言」というのも、たしかにあることはあるんですけども……件数としては20件ぐらいで、ほんのわずか。
　正確に言うと27件だけなのです。

池川　えっ、それで（著者の）五島さんは本一冊かけちゃったんですか!?

光田　うーん、まぁ……五島勉さんは、そのなかの数行を使ったということになりますね。

池川　それで一冊の本になってしまった、と（笑）。すごい！

光田　もう膨らませて、膨らませて（笑）。

池川　膨らまし粉がいっぱい入ってたんだ（笑）。

光田　それで、1万4306件のうち……約「七割」にあたる9605件は、「治療」が占めているんです。
その「治療」というジャンルのなかに、複数の若い女性が「これから結婚します」とか、
「これから、子どもをもうけようと思います」と相談にみえたときの記録があって。
それに対してケイシーは「こういうふうにしなさい」と、
具体的にアドバイスしていて……たとえば、妊娠なさった方には
「あなたはいま、妊婦さんだから、こういうことを心がけなさい」

「出産の手前に、こういうケアをしておいたら（出産が）ラクになりますよ」
「出産のときは、こういうことに気をつけなさい」などなど……指南しているんです。
なおかつ産後、
とくに乳児のケアの仕方についてもケイシーは非常にくわしく情報を残していて、
そればかり集めても500件ぐらいにのぼります。

池川　えーっ！　そんなにあるんですか⁉

光田　はい。予言の数十倍はあります（笑）。でも、育児については……まだ（日本では）書籍化されていません。アメリカでも一冊ぐらいでしょうか。

池川　あっ、でも（かろうじて）出版はされていると。

光田　はい。出てはいます。わたしも時々、雑誌のトピックに書いたりはしていますけれど……本としては、まだですね。

池川　では、ヒカルランドが初⁉

光田　そうですね。「育児書」としては、はじめてになります。

池川　ヒカルランドから育児書……あまりイメージが湧きませんけれど（笑）。

光田　あたらしいジャンル、ということで（笑）。

池川　ははは（笑）いいですね！　ところで、長崎でお会いしたさいに「レンブラントがいま、レジ打ちしている!!」とか、そういうお話をされていたと思いますが……あれはたぶん、みなさんご存じないと思うんですよね。そのあたりを知っていただくと、「エドガー・ケイシーの概念」が伝わるんじゃないかと思います。

光田　はい。エドガー・ケイシーはもともと、人間の本質を「永遠不滅の魂」と考えます。ですから、子どもは「白紙で生まれてくる」わけではなくて、「前世からの才能を、たくさん引き継いで生まれてくる」ものだと。

親としては「たくさん引き継いでいるもの」のなかから、「今生《こんじょう》では、どれを伸ばすのが良いのか……？」見さだめて、そちらのほうに（ある意味）誘導してあげるわけです。

大切なのは「強制」ではなく「どの芽が、よく出るのか？」見きわめて、じょうずに「育ててあげる」のが、親のやるべきことですよ……とお伝えしています。わが家でもそれを心がけて、いろいろなことをやりました。

また、ケイシーは「妊娠中の、母体の安定」を非常に重要視していて……そのときに

「ひまし油パック」をしておくと、

「毒素が排泄されて、おなかの子どもがよく育つ」と言っています。

じっさいにうちの妻にもやりましたし、知人〜友人の妊婦さんには、

「妊娠三ヶ月くらいまでは、ひまし油パックをやりましょう。

そして、妊娠後期になったら（温熱を当てないで）ひまし油でマッサージするか、
もしくはピーナツオイルとオリーブオイルが半々にまざった混合オイルで
腹部をマッサージしておきましょう。

そして、股関節や臀部《でんぶ》なんかもよくマッサージしておきましょう」

というアドバイスをしています。

そうすると、安定しておなかが大きくなるし……あとは女性にとってうれしいのは、
妊娠線が出にくくなることです。

いままで、直接的には数十人〜間接的には百人を超える（！）

妊婦さんにおなじようにアドバイスしてきましたけれど……。

わたしが知りうる範疇《はんちゅう》で、妊娠線のできた妊婦さんはお一人だけでした。

そのお一人も「ほんのちょっと出ただけ」だったそうですから……そういった意味でも、

ケイシーの情報は非常にありがたいわけです。
そしてまた、お子さんも「あまり無理なく」生まれてくることができるのです。

一家に一瓶！　ココアバター常備のススメ

光田　忘れないうちに申し上げておきたいのは、
「出産のさい、子どもは背骨に大変な負担をかけて生まれてくる」ということです。
無論、これもケイシー語録です。
子どもは回転して生まれてきますから……正常分娩はもちろん、
逆子のばあいは特に、ひずみの解消に時間を要するそうなのです。
それゆえ、正常分娩でも逆子でも、

生まれて数日たったくらいからオイルマッサージを開始します。

ケイシー療法において、乳児に使っていいオイルはたったひとつ、ココアバターのみです。

ピーナツオイルとかオリーブオイルとか……大人向けのオイルは避けて、乳児には必ずココアバターを用います。これを覚えておくとよいでしょう。

マッサージのさい、どこにオイルをつけるかというと……脊柱《せきちゅう》です。

とくにテクニックは要《い》りません。


最低でも一日二回ほど、一回につき五～十分ぐらいの時間をかけて、ココアバターを背骨にそってすり込みます。

冬場になると（ココアバターは）固まってしまいますから、スプーンで削って手のひらにのせて、手のひらのぬくもりで温めて溶かして……トロッと溶け出したものを、乳児の背中にすり込んでゆきます。おおよそ、小さじ一杯ぐらいで十分です。

ココアバターはとても優しい香りがしますから、

少々むずかっているお子さんでも、落ち着いてくると思います。
それで、きょうこちらに「現物を持ってこようかな？」と思ったのですが……。
あいにく溶けてしまって（笑）あきらめました。
性質上、夏はどうしてもドロドロになってしまうんですよね。
でも、ひとつあると重宝しますから、ココアバターの常備はおすすめします。
よく、「ココナッツ・オイルで代用できますか？」と聞かれるのですけれど、
まったくの別モノですから、必ずココアバターを用いるようにして下さい。
ココアバターのマッサージによって、〝脊柱に残っていたひずみが迅速《じんそく》に解消される〟
そうで……これがとても重要なのだと、ケイシーは説いています。
わたしの講演会に、市役所とか区役所とか……に、お勤めの方がいらしたさいは、
「妊婦さんにはぜひ！　ココアバターを差し上げてください」とお願いをしています。
これだけで、どれほど多くの方が助かることか……。
具体的に、どう助かるかというと……背骨にひずみがあると、
成長したあと、いろいろ不調が生じてしまうのです。

たとえばＡＤＨＤとか自閉症とか、そのような形で出ることもありますし、厄介なケースだと……思春期やその少しあとに、てんかんになってしまうとか。

また、ケイシーの主張によれば、

「もっとも出やすいのは統合失調症である」とも言われています。

それが、乳児期に脊柱へのマッサージを行なっておくことで、そのような病気を相当に免れることができるのです。


それで、うちの妻が妊娠したさい、子宮筋腫の大きいのがみつかったんですね。

筋腫そのものは、ケイシー療法で無くすことができたのですけれど……おなかのなかで、子どもが丸まった姿勢をとれなくなってしまいました。

通常、おなかの中で丸まったまま、子どもは成長していきますよね？

でも、筋腫にジャマされる形で、背中が伸びてしまって。

七ヶ月目に入ったあたりでエコーを撮ったら「脳に水がたまっています」と言われたんです。妻がドクターに「このまま大きくなったらどうなりますか？」と聞いたら「水頭症で生まれます」と……。

さすがにわたしもビックリしてしまいましたが、

「とにかく、できる限りのことをやろう」と思って、妻にケイシー療法を施したんです。

それでも最初の一ヶ月ぐらいは、脳の中の水はふえるいっぽうで……でも、
九ヶ月目くらいでクーッと水が抜けはじめて（！）。

出産直前には、すっかり水が抜けた状態になって、無事に生まれることができました。

これもひとえに、ケイシー療法のおかげだと思っています。

当初、ドクターからは「生まれたあとで、水を抜きましょう」と言われたんです。

「（子どもの）頭に管を入れて処置すれば、それなりに水は抜けるから」と……でも、
よくよく聞いたら、

「いくらか障害は残るかもしれませんが、いちおう水は抜けますから」というお話で。

それでとにかく「生まれるまでに、やれるだけのことはやろう」と思ったわけです。

それで幸《さいわ》い、無事には生まれたものの、うちの娘は（おなかの中で丸まることなく）グーッと伸びた状態になっていて……これはぜったいに「背骨に、ひずみを抱えているな」と思いましたから、さきほどの「ココアバター・マッサージ」は念入りにやりました。

通常は一日二回のところを一日四～五回、（一回あたり）五分くらいかけたと思います。
そしたら、まったく問題なく成長しまして……いま二十二歳になりました。

池川　素晴らしい体験談ですね。ココアバターのマッサージは、どのくらい続ければ良いのでしょうか？

光田　目安としては、一歳くらいまでです。

池川　かなり根気よく、一歳ぐらいまでは続けると。

光田　必須というか、〝やらなきゃいけない期間〟は三ヶ月くらいなんです。
だから（最低）三～四ヶ月やれば十分なんですけれど、
そのあともやって良い……というか、やればやるほど良いかと。
それと、子どもがむずかったときにやってあげると、すぐに落ちつく効果もあります。
脊柱にマッサージをしてあげるイメージですね。このとき、
背骨そのものにマッサージするというより、
背骨の際（きわ）にやるのがポイントです。
背骨にそって、クルクルらせんを描きながら、
椎骨《ついこつ》の数に合わせてやるのがコツ……といったところでしょうか。

なぜ椎骨の数に合わせてやるかというと、

・「中枢神経」と「自律神経」を協調させる

・バランスをとる

という目的があってのことなのですが……まぁ、あまりむつかしく考えずに、まずはすり込むだけでOKです。わたしもそうやっていました。

池川　アンドルー・ワイル博士の『癒す心、治る力─自発的治癒とはなにか（上野圭一訳　角川書店）』の冒頭に、おなじようなエピソードと「オステオパシー」の話が載っています。

正常分娩でも背骨はゆがむのですが……とくに吸引分娩、鉗子《かんし》分娩はかなりずれるのです。それが、「生まれた直後にオステオパシーで施術するとカンタンに治る」と書いてあって。でも、みなさん意外と？　知らないんですよね。

光田　はい。でも、（オステオパシーは）やったほうがいいと思います。

池川　以前、うちでお産《さん》した方のお兄さんが、オステオパシーの有名な先生でらして。しばらく、クリニックに来ていただいた時期があったんです。でも、オステオパシーの施術って「ちょこっと」やるだけで終わりだから（笑）みんな、ありがたみがわからないみたいで。

ただ……たとえば頭痛とか、そういった不調の原因に、

出産時のひずみが関係してくることって、わりとあるんですよね？

光田　ものすごくあります。

池川　それを〝（オステオパシーで）調整できる〟と知っているだけで……そのあと、

お子さんの生きかたすら変わってしまう可能性だって、ありますよね？

光田　はい。ものすごく変わります。

池川　それでなおかつ、ココアバターで治せるのであれば……。

光田　もちろん、プロのオステオパスがいるに越したことはないですけれど。

でも、それがむつかしいというのであれば……ココアバターを三ヶ月ぬり続けても、

おなじ効果を得られます。

池川　スキンシップも果たせるし、子どももなつきそうですよね？

光田　はい、それはもう！

池川　大人もなついちゃうかも（笑）。

光田　喜ばれますよ〜。

池川　あと、夜泣きする子がわりといて……その子たちにもよさそうかなぁと。

光田　もちろんです。ココアバターはあらゆる意味で、やさしいですから。

池川　ちなみに、ココアバターはどちらで手に入りますか？

光田　昔はテンプルビューティフルでも売っていたんですけれど……最近、ココアバターは入手しづらくなって、瓶も小さくなってしまって。なおかつ、ちょっと高いんです（笑）。

でも、「ココアバター」で検索するとヒットしますし、Amazon でも買えると思います。

池川　じゃ、いまのうちに買っておかないと（笑）。

光田　ですねぇ（笑）。なんで高くなったんだろう？

わたしがこうして、あっちこっちで効能を説いているせいかもしれませんが。とにかく、高くなってしまったんです。

池川　メーカーによって質がいいとか悪いとかは……。

光田　あまりないと思います。

「生のカカオ豆を絞りとって固める」というレシピじたいは、変わらないはずですから。

池川　お子さんがあるていど大きくなってから……たとえば、小学生になってからのマッサージでは遅いのでしょうか？

光田　そのばあいはココアバターではなく、（前述した）ピーナツオイルとオリーブオイルを混合したものでやればＯＫです。

池川　大人と同じオイルですね。マッサージの方法は……？

光田　はい、ココアバターと同じように「脊柱」へと施してゆきます。

池川　マッサージはだいたい、どのくらい（の期間）つづければＯＫでしょうか？

光田　その人の背骨が「きれいにそろった」感じがして、ご本人の心も落ちついてきたら……という感じですね。

それと、一周まわって？　高齢者にはまた、ココアバターを使うのです。人生の最初と最後はココアバターで、と。

池川　なるほど。でも、子どもに比べてお年寄りは体が大きいぶん、ココアバターもたくさん必要になりますよね。

光田　そうですねぇ。でも、やはり効果がありますから……。

池川　たとえば、認知症の人とか？

光田　はい、認知症の人にも良いと思います。

とにかくココアバターを使うと、骨の発育がよい形に保たれるのです。
僕はいつも「ひまし油べビー」と呼んでいるんですけれども、
妊娠中にお母さんが「ひまし油パック」をして、
出産後に「ココアバター」をやった子どもは、顔つきが違うんです。利発というか。
あと、アトピー等が出る子も本当に少ないのです。

池川　解毒していますからね。

光田　皮膚疾患が非常に少ないし、皮膚そのものも、白くてきれいです。

だから、変にむずかったりすることがないそうで「育てやすい」と喜ばれます。

ひまし油べビーはいいですよ。


池川　これはわたしの仮説というか、正しいのか？　わからないですけれど……。

お母さんの毒というのは、（油に溶ける性質のものだと）肝臓から胆汁を通して、便で出てくるんですね。ところが、赤ちゃんは肝臓がまだ未熟で、脂《あぶら》ものを外に排泄できないから……代わりに、皮膚を使って出してくるんです。

典型的なのは、「お母さんが脂《あぶら》ものをとると、首から上に湿疹が出てくる」パターン。

数時間でバーッと出て、治るのに一週間はかかります。もちろん、お母さんが脂《あぶら》ものを止めれば消えるのですが、まさか「自分が食べたもの＝赤ちゃんの湿疹の原因」なんて、夢にも思わないから……みなさん食べちゃうんですよね。そうすると、顔からどんどん全身に広がって、皮膚に出つづけてしまう。排泄で解毒できるようになるには、まだ当分かかりますからね。で、それをさらにステロイドで抑えてしまったり……しちゃうんです。でも、本当は「妊娠中に毒を出しておく」のがキホンで。

光田　妊娠中に「何を食べるべきか？　食べてはいけないか？」を、よく心得て……。

池川　そうですね。でも、はじめての妊娠だと、そこまで気が回らないのも事実で。

光田　そういう情報じたいも行き届いてませんし、ね。

池川　じゃあ……この対談を本にして、買ってもらうと（笑）。

光田　そうですね（笑）。きっと新しいジャンルの育児本になるかと思います！

実録！　祈りエネルギーと前世の語る妊娠事情

池川　おなかの中の赤ちゃんは〝スピリチュアルな存在〟だと思うのですけれど……。エドガー・ケイシーさんはそのあたり、どのように語っておられるのですか？

光田　はい、ものすごく言及していますよ。

池川　やっぱり！　それはぜひともお伺いしたい内容です。

光田　わたしの中での重要なアイデアはこうです。

まず、魂は「どの母体に入ろうか？」と考えるわけですが……このとき、妊娠中の女性が「どういう心持ちでいるか？」というのは「どういう魂を引き寄せるか？」という点に対して、ものすごく影響を及ぼすそうです。

ですから、ケイシーのリーディングの言葉を借りるなら、

「もしも機械いじりの好きな子どもが欲しいのならば、一日じゅう機械のことを考えていなさい」。

たとえば、スポーツ系の子どもが欲しいと思ったならば、一日中スポーツのことを考える。もしも愛情にあふれた子どもが欲しいと思うならば、キリストのことを考えなさい……とか、そういうふうになるわけです。

お母さんが日ごろ、どういうことを思っているかはとても重要です。

うちのばあい、妻のおなかにひまし油でオイルマッサージしている最中も、二人で「どうぞ、うちにはユーモアのセンスにあふれた子どもが来ますように……」と、「ユーモア、ユーモア」と、ずっと唱えつづけたんです。

おかげさまで、ムチャおもしろい子どもが生まれました（笑）。

池川　おお、素敵です！（笑）ええと、たとえば不妊症の方のばあい、〝こういう赤ちゃんに来てほしい〟というよりも、ただただ妊娠したい……というケースが多いかと思うのですけれど、これに関してはどうでしょうか？

光田　はい。妊娠しにくい理由というのは……、

魂の側から来ている場合と、純然たる肉体の場合と、二種類あるんです。

池川　肉体というのはお母さんでしょうか？　それともお父さん？

光田　お母さんがメインです。

まず魂のほうから言うと、

「お母さんの前世がシスターだった人、（あるいは）お父さんが神父さんだった人」。

そうすると前世で、言ってみれば結婚しない誓いを立てるわけです。

そして、同じく前世で「子どもを絶対にもうけない」という、強い決意を持つわけです。

それが今世にも引き継がれていて、子どもが生まれにくいのだそうです。

エドガー・ケイシーのリーディングの中にも数名・症例が出てきます。

なかなか妊娠できない女性が「どうしてでしょうか？」と問うたところ、

「それはある意味、難しいね。なぜかというと、あなたは過去世で二回も続けてシスターをやっていた。そのときに〝自分は結婚しない〟〝子どもをもうけない〟という決意をあまりにも強くしてしまったゆえ、それが魂に入って、妊娠しづらい体になってしまった」

と、ケイシーは答えています。

それからもうひとつは、ご主人が神父さんだったりすると、これも独身を貫く誓いを立てるわけです。

そういう人はやっぱり子どもをもうけることが非常に不得手になるそうです。

あるカップルの前世は、奥さんがシスターで、ご主人が神父さんという……。

池川　あぁ……ますますむつかしい組み合わせですね。

光田　「あなたのところは非常に難しい。でも、望むのであれば、旧約聖書の〝ハンナの章〟を読みなさい」と、ケイシーは諭《さと》すわけです。

どういうことかというと……ハンナという女性が不妊に悩んだ末、神さまにお願いをするわけです。

「神さまのお役に立つような子どもが欲しいと思います。どうぞ、神さまの栄光を、わたしの身に起こしてください」と。数年のあいだ神殿に通っては、祈ったそうです。

すると、祈りが届いてハンナは妊娠した、と。

「あれは決してつくり話ではない。我々は今でも神に願えば……たとえ、前世で（〝結婚しない〟〝子どもを設けない〟等の）誓いをたてていたとしても、妊娠することはできますよ。ちょっと時間はかかるかもしれないけれど」と、ケイシーは説くのです。

池川　なるほど……。キリスト教の世界だと、わかりやすいですね。

ちなみに、仏教国のばあいはどうなるんでしょう？（笑）

光田　やはり「前世でお坊さんだった男性」とか「前世で尼僧だった女性」というのは、結婚したとしても、妊娠しづらいようです。

池川　では、さきほどの（ハンナの）例に則《のっと》ると、その方たちは仏さまにお祈りすると良いと……？

光田　いや、神さまで良いです。もちろん、仏さまでも良いのですが。前世で「西洋人」だったひとが「日本人」に生まれることだってあると思いますし、ようは〝祈る〟ということじたいが重要で……。

池川　やっぱり、〝祈りは効く〟ということですね!?

光田　重要ですよ～。

池川　なるほど！　わたしは長らく講演会で〝祈りは、効果がある!!〟と力説してきたのですが……うそではなかったと（笑）。

光田　はい。祈ることは、とても重要です！

ピラミッドにのっけたおにぎり＝顕在意識⁉
妊娠は赤ちゃんの合意あってこそ

池川　ところで、わたしは常々、「赤ちゃんにも都合がある」という話をしているんですけれど……。

光田　はい、ありますよ（笑）。

池川　やっぱり！（笑）。

光田　エドガー・ケイシーいわく〝出産はある意味、双方の合意〟だと。

池川　そうですよね。

お母さんが「欲しい」と言っても、赤ちゃんが「NO」と言えば来れないし、赤ちゃんが「来たい」と言っても、お母さんが「NO」と言えばお腹には入れない。

このばあいの「合意」というのは、顕在意識ではなくて……潜在意識ですよね？

光田　はい、そして無意識、超意識です。

池川　「赤ちゃんが欲しい」という人は、顕在意識で「欲しい」と言っているけれど、潜在意識で「NO」と言っているケースが多いように思うんです。

光田　「望んでいる」ということを神さまにお願いする心境で、潜在意識に浸透するまでやらないと。

池川　その顕在意識と潜在意識の比率なんですけれど、よく氷山にたとえるじゃないですか。

「1／6ぐらいが（顕在意識として）オモテに出ていて、のこり5／6は潜在意識ですよ」みたいな。

でも、AKIRA（杉山明）さんという歌手――「潜在意識に入っていく・インディアンの儀式」を経験した人なんですけれど――にお会いしたさい、

「（その儀式で）わかったのは、顕在意識なんてホントにちっぽけだっていうこと。たとえていうなら、ピラミッドのてっぺんにのっけたコンビニのおにぎり（笑）くらいのサイズ感です」って（笑）。あとはぜ～んぶ、潜在意識なんですって。

「えぇっ、そんなもんですか⁉」って感じですよね（笑）。そういうわけで、

思っている以上に……みなさんの潜在意識は「人生に影響している」といえそうですね。

光田　もちろんです。

池川　エドガー・ケイシーさんのお話は「顕在意識をもって、潜在意識にはたらきかけていく」ということですよね？

光田　祈りというのは顕在意識を使って、潜在意識に浸透させるわけです。

池川　おにぎりがピラミッドを動かすんですから（笑）、相当なパワーですよね。

光田　でも、ピラミッドですから……ちょこっと祈ったくらいでは動かないわけです。

池川　けっこうガンコですよね〜。

光田　根気よく根気よく、忍耐強く。ハンナの場合は数年かかったわけですからね。お祈りしてすぐ、パッと子どもが生まれたわけじゃなくて、ずっと何年もかけてお祈りをして、妊娠して子どもをもうけたと。

池川　そうですよねぇ。ところで、運動選手の子どもは運動神経がいいですよね。あれはやっぱり、子どもがそれを狙って来るんでしょうか？

光田　そうでしょうね。「自分は次回の転生でも、やっぱり運動ができるようになりたい」と思えば、運動のできる遺伝子を持ったところを目指して来ます。

あとは、自分の先祖が自分の子孫に入りたがる……とか。

池川　それもあるんですか⁉

光田　ありますよ、いくらか。

池川　たしかに、「生まれた子どもが（亡くなった）おじいちゃんそっくり」みたいな話は聞きますよね。あとは……おばあちゃんの写真を見たさい「これ、わたしだ！」と言った子がいるんですよ。やっぱり、それは生まれ変わっているんじゃないかなぁと。

光田　エドガー・ケイシーのお父さんのお父さんが、エドガー・ケイシーの孫として生まれています。

池川　そうなんですか⁉　その方は、まだご存命で？

光田　いいえ、残念ながら、お孫さんはおととしお亡くなりになりました。

ええと、とくに日本人は……自分の子孫に生まれかわるケースが多いかもしれませんね。

それは、どれだけ保守的かにもよるわけです。

池川　生きかたが保守的かどうか……も影響してくると？

光田　はい。魂が冒険心に富んでいると、次々と環境を変えたがるんです。あまり自信がないと、日本人は日本人に。よくありがちなのは、前世で死んだ地域に生まれやすい。たとえば、エドガー・ケイシーの直前の前世はオハイオ州で死んでいて、ケイシーはその隣のケンタッキー州に生まれ変わるんです。

なぜかというと、わりと近いところに生まれたがる。

池川　なじみがあるからですかね？

光田　だと思います。

自分が前世で死んだところの近くに生まれるというのは、保守的な証拠です。

いきなりそこから「ケニアのマサイ族に入ろう」というのはないんです。

池川　たとえば流産とか、アメリカは中絶はあまりないと思いますが……死産とか。

そういう魂は短い期間じゃないですか。

それはやっぱり、子どもの選択なんでしょうか？

光田　エドガー・ケイシーによると、それはお母さんの準備不足でもあるそうです。

池川　それは子どもから聞いたことがあります。お母さんがまだ準備が足りないから、「そのままじゃ、僕を産むのはムリ」といって帰っていくという。

光田　エドガー・ケイシーは〝これから子どもをもうけよう〟という女性に、「あなたは、まだ妊娠してはだめだ」という言いかたをよくしています。

「もうちょっと準備しないと、あとあと厄介だから……いまは妊娠は考えないで、体力をつけることを心がけなさい」

というケースは非常に多いのです。なので、準備はとても重要です。

池川　準備というのは、具体的にはどんなことをすればいいんでしょうか？

光田　体内毒素をよく出しておく。それから、筋骨格系を整えておく。

とりわけ骨盤とかを妊娠に耐えられるように整える。カルシウムをどんどんとられてしまいますから、自分のほうに残しておかないといけないですよね。そういうのを心がけながら準備をする……と。

超万能！　光田流メソッドは「ドリームヘルパー」応用術

光田　エドガー・ケイシーは「妊娠しようとする人は、夢にもうちょっと注目すべきだ」

と主張しています。夢をずっと観察していると……妊娠してよいかどうか、（あるいは）まだだめなのかを、夢が知らせてくれるのです。ちゃんとその気になって、夢について知ってゆく。ですから、夢分析に習熟しておくことも重要だと言えます。

たとえば、こんな話があります。

ある、結婚まもない女性が「桟橋の上を走っていって、湖に飛びこむ」という夢を見ました。桟橋は腐りかけていて、でも、彼女はなぜかその上を思いっきり走っていって、ジャンプ！　湖に飛びこむのですが……スポンと入らないでおなかから（！）バーンと落ちてしまった。

「あっ、痛いっ！」と思って目を覚ましたそうです。彼女がエドガー・ケイシーに、

「わたしのこの夢は、どういう意味なのでしょう？」と聞いたところ、

「あなたはいま、大胆なことをしようとしている。腐りかけた桟橋はあなたの体を象徴している。この状態であなたは大胆なこと、すなわち妊娠しようとしている。もし、あなたが妊娠したとしたら……（夢と同じように）おなかをしたたかに打ちつけては、傷つけるようなことになってしまいますよ。ですから、いまは妊娠してはいけません」

と言われたというのです。

ところが……彼女は、その指示に従いませんでした。

そして妊娠したものの、流産してしまって……掻爬《そうは》することになってしまった。

彼女はしばらくのあいだ、妊娠できない状態になってしまったのです。


彼女は、のちに妊娠・出産するんですけれども、とにかくケイシーは、

「夢がこういうふうに言っているから、いまは妊娠は考えないで、体を健康にすること。そして、もっとビルドアップすることを考えなさい」と……〝タイミングを待ちなさい〟と予見的なアドバイスをおくっていたわけです。

ですから、妊娠しようとする人は、夢によく注意しておくといいと思います。妊娠中もそうです。うちは本当にいろいろな面で、夢からアドバイスをもらいました。

池川　それは光田先生ご自身にも？

光田　わたしにも来ましたし、奥さんにも来ました。

あるいは、お願いして夢を見てもらう（！）こともできます。

さきほどの話でいうと……〝胎児の頭に水がたまっている〟とわかった時点で、いろい

ろな人にお願いをしました。
「おなかの中の、胎児の頭に水がたまってしまっている」。でも、「医学的にはやりようがない」と言われてしまった。そこで、「どうしたら良いのか、夢でアドバイスをもらってくれませんか?」と、友だちに頼んでおくと……彼らが夢で見てくれるんですよ。

これは〝ドリームヘルパー〟という手法なのですが、誰かひとりが困っている状態を、複数の人が夢で助けてあげる……という方法なのです。「わたしはこの人のために夢を見ます」と、みんなで約束をして眠りにつくと、その人に関連した夢を見はじめるのです。どうしてそんなことが出来るのか? というと、もともと、われわれは利他的な精神にあふれていて〝誰かを助けたい〟という気持ちになると、魂がガーッと躍動するからなのです。

池川 魂が喜ぶのですね?

光田 はい。人のためになると、魂は喜びます!

これをいろいろなところにケイシーは応用していて……たとえば、受験勉強などにも。

池川 えっ、受験勉強を神の心で!? それは知りたい!

いまから受験はごめんですけど……（笑）。

光田　（笑）。どうやるかというと、たとえば……英単語を覚えるとき、普通だったら「つらいな」と思いながら無味乾燥にやるわけです。エドガー・ケイシーは「それでは脳に定着しない」のだと。どうするかというと、「きょう覚えたことを、誰かほかの人の人生に役立てている自分を想像しなさい」と言うのです。

わたしがきょう、解剖学の単語を覚えたとします。普通に覚えたのでは、せいぜい二〜三日で忘れてしまうでしょう。でも、たとえば、「仙骨（sacrum）」という単語を覚えたとして……、「仙骨のしくみは、これこれこうなっていますよ。これはsacrumと呼ぶんですよ」というふうに、誰かに教えているような場面をイメージする。夜、寝る前なんかにね。すると、〝（自分は）誰かの役に立っているのだ！〟という気持ちがわいてきて、われわれを高めるのです。これ、ものすごく定着しますよ。

池川　知らなかった……これは、大いに活用できそうですね！

光田　ムチャ使えますよ～（笑）。

池川　子育ても、これで……。

光田　はい、これもひとつの手法ですね。他にもまだ、いろいろありますから。

池川　さきほどの夢も、そのひとつですよね？

夢といえば……子どもたちが〝お父さん、お母さんに夢でメッセージを伝える〟と言っているのですが。

光田　はい、そのとおりだと思います。

池川　でも、「お母さんには伝わったけど、お父さんは爆睡して、ぜんぜん伝わらなかった」なんて子も（笑）。わたしも夢は使えるんじゃないかと思っているんですよね。

光田　わたしの知っている人で、ものすごくユニークな人がいて、妊娠八ヶ月ぐらいだったかな？　おなかの子どもからメッセージが来たんだそうです。

「早く生まれたい。僕、お母さんに会いたいから、早く出して！」と言うのだそうです。

池川　います、います、そういう子。それで早産しちゃった子もいた。

光田　お母さんは目が覚めて、「そうなんだ」と思うわけです。実際に、子どもは一ヶ月ぐらい早く生まれました。おもしろいのは、子どもが三～四歳くらいになったさい、

「僕、おなかにいたとき、〝お母さんに早く会いたい〟と思って、お母さんに連絡したんだよ。聞こえた？」とお母さんに言ったそうなのです。

池川　やっぱり！　ちゃんとメッセージが来ているんですね。

光田　子どもが（生まれたあとも）覚えていたのがすごいです。

「あのとき、〝早く産んで〟と言ったのが聞こえた？」と言うから、お母さんは「聞こえたよ」と。

ですから、夢はそういった深い部分で交流する材料として……とても重要だといえるわけです。

で、さきほどの〝ドリームヘルパー〟というのは、意図的にそれをやるわけなのです。

胎児の頭に水がたまりはじめて「医学的にはちょっと……」と言われたものの腑に落ちなくて、

結果、友人たちに〝ドリームヘルパー〟をお願いすることにしたのです。

そしたら、まずひとりの人には、

「お母さんは眠るとき、勾玉のように丸くなって寝ること」とメッセージが来ました。

妻はすなおに、それを実行しました。それから別の人には、

「カルシウムが足りていないので、鳥ガラを煮込んで……ゼラチンとカルシウムをよく煮出して、そのスープを飲みなさい」と。さらに別の人には、

「シャケの中骨をたくさん食べなさい」というメッセージが来たのです。もちろん、夢で。妻は、それらをすべてやり遂げました。そしたら、最初の一ヶ月くらいは水は抜けなかったけれども、後半の二ヶ月でグーッと減ってきて……出産時には、みごとに何もない状態で生まれることができたのです。ですから、やはり夢はとても重要だといえるでしょう。

池川 「仲間に聞く」というアイデアは、いままでなかったのですが……これは、いけそうですね！

光田 〝誰かのために〟という発想になると、われわれは高まるんです。

それをうまく使ったのが〝ドリームヘルパー〟という夢の見方なのです。

池川 〝ドリームヘルパー〟に関しては、光田さんの本に詳しく……？

光田 はい、書いております。

池川 あっ、そうでしたか……！　まだまだ読書量が足りないな（笑）。

あとでチェックしてみます。

光田 これに書いていたような気がする（と、いって自著をめくる）。

池川　出ていますか？　また買いたくなっちゃうなぁ（笑）。
光田　ええ、表題にもありますよ。
ほら、「ドリームヘルパー」でひとつの章になっています。
池川　ほんとだ。この本の……3章ですね？
光田　3章そのものが夢の話ですから。
池川　『エドガー・ケイシーの超リーディング』（白鳥哲監督との共著・ヒカルランド）の105ページですね。みなさんもぜひ、お読みになってください！（笑）

中絶、流産、タブー……etc. さて、ケイシーならどうする？

池川　さきほど流産の話が出ましたが、中絶と流産は違うのでしょうか？
それとも、同じような意味合いなのでしょうか？

〝準備ができてないから中絶になっちゃう〟……のかどうか、知りたいのです。

光田 肉体上の理由で中絶する場合はそうでしょうね。
ただ、経済的というか、社会的な理由で……となると、ケイシーの中ではちょっとニュアンスが違ってきます。

池川 ケイシーは、そもそも中絶はダメという立場ですか？ それとも良しという立場ですか？

光田 ケイシーはできるだけしないように……と。

池川 では、絶対ダメではないんですね。

光田 絶対ではありません。
離婚についても、ケイシーは「絶対離婚しちゃいけない」とは言っていませんし。

池川 なるほど。どうしてもほかに道がなければ……ということですね？

光田 そうですね……ケイシーの発想はひとつ、原理がはっきりしていまして。
〝その子どもが生まれたさいに、（彼らの）魂の成長にとって、その環境は適しているのか？〟だけが判断材料なのです。
極端な話、〝この家庭に生まれても、魂を成長させることができない〟ということが明らかであれば、ケイシーは中絶をノーと言わないのです。

場合によっては「中絶したほうがいい」とすら、言うかもしれない。

池川　おなかの赤ちゃんと、テレパシーで会話できる人がいるんですけれど、あるお母さんが中絶を迷っていて、「産もうかな？」というほうにシフトしかけたときに、赤ちゃんが「産んじゃダメ」と言ってきたそうなのです。「産んだら、絶対みんな幸せになれないから」と。だからやっぱり、極端な言い方ですけれども……その子は、中絶されるために来たのかもしれないなと。

光田　それは途中の経過にもよりけりですよね。

池川　経過によって、枝分かれしてくる……と？

光田　たとえば、子どもは生まれてくる前に〝ここの家庭に入ると、きっとこういう人生になるだろうな〟と（ある意味）予定をたててくるわけです。それが生まれてみると、（もろもろの事情によって）自分の予想とかけ離れてしまって……結果、二～三歳で（あちらへ）帰ってしまう、ということもあるわけです。

池川　子どもがお母さんに期待していたものと「（現実が）ぜんぜん違っていた、勘《かん》違いしていた」というケースが多いんですよね。

光田　その場合、子どもは早目に引き揚げて……。

池川　そう、亡くなるということもあり得るのです。

となると、そうならないためにも……子どもが「何を目的として、生まれてきたのか？」お母さんが理解していたほうがいいですよね？

光田　そこまでやらなくても大丈夫なはずですが、（環境が）妊娠中と出産後で極端に変わってしまうと、子どもによっては早目に引き揚げるかもしれません。

あらかじめ、お母さんが「（出産後）たいへんな苦労を背負うことになるな」と知っている魂は、ちゃんとそれに適応します。

池川　では、たとえば……障害を持っているとか、そういったケースは子どもとしてはOKなのでしょうか？

光田　障害を持って生まれてくるケースでは……たいていの場合、生まれてくる子どもにも理由があるし、その子どもを育てる親のほうにも必然性がある。障害を持って生まれることが、そのファミリーの魂の成長には望ましい場合は……そういう形になる、と。

池川　魂の成長で見ていく、ということですね。

光田　そうです。エドガー・ケイシーの原理は、ひとつそこに集約されます。

池川　日本での出産は、たぶん、魂の成長というところに注目していないと思うんですよね。

光田　いまのところはね。

池川　無事に生まれるとか、五体満足とか、そういうところには注目しているんですけれど……それだけでは、ちょっと足りない部分があるというか。

光田　〝五体満足でなければならない〟という発想は避けたほうがよいかもしれません。

池川　やはり、そうですよね。〝こうあらねば〟は、育児では避けたほうがいい。

子どものことをよく見る……ということでしょうか？

光田　宇宙はこれを〝最上〟と思われて、わたしたちに下さった。

その〝最上〟をどう育てるかを、自分たちの人生の重大事と考えて……それに取り組んでゆく。

そうすると、その家庭は充実するのではないかと、わたしは思います。

池川　なるほど。エドガー・ケイシーさんの「魂からの育児」というのはおもしろいですね。

光田　はい。「魂の視点」があるだけで、いろいろと広がってくると思います。

池川　これからの育児は、どんどんそういう方向にシフトしなきゃいけないと思うんですけれど、まだまだ物質的なもの……が、優位を占めていて。病院に行くと、みんな（物質主義が）正しいと思っているから……ものすごい違和感を持つ方が多いんじゃないでしょうか。「もうちょっと、心を見てよ！」という方も多いと思うんですけれど、いまの産科学はそこまでまだ、行っていないんですよね。

光田　でも、池川先生がいらっしゃる！

池川　ありがとうございます（笑）。ちょっとアウトローで、産科の世界からははじかれていますけれど（笑）。でも、病院がこういう考え方を持てなくても、ご両親がそう思っていればいいわけですから。病院がどうこうという問題じゃないと思うんですよね。

　大事なのは、「みなさんがどう考えるか？」ですよね。

光田　そうですよ。

池川　そうすると、ずいぶん子どもも生きやすくなりますよね。

光田　はい！　生きやすいと思います。うちの娘は伸びやかに、ユーモアたっぷりに育ちました。

おままごと最強説⁉ &アトランティスの前世記憶

池川　生まれてからの子どもとのかかわりについて、エドガー・ケイシーさんはどんなふうに言っていらっしゃるんですか。たとえば「一歳まで」とか「三歳まで」とか、区切りがあるのでしょうか？

光田　いろいろなアドバイスをしています。いろいろな人が聞きましたからね。

池川　最初は、生まれてすぐ、マタニティーブルーになる一ヶ月ぐらいについて聞いてみたいです。お母さんはどうしたらいいのか？　休んだほうがいいのか、子どもともっと何かをやったほうがいいのか……？　とか。

光田　それには、そのずっと前の段取りからはじめる必要があるかもしれません。ケイシーは、「女の子は、小さいうちにできるだけ一人でおままごと遊び、お人形遊びにならしておきなさい」と主張しています。

これには理由があって、将来子どもを持ったさい、（幼少期に）おままごと遊びをしてない人は「ショックを受けやすい」「子育てに適応しづらくなる」のだと。どういうことかというと、子どもを産んで育てるときは、乳児と自分の一対一で、ほかに誰もいないわけですよ。

小さいときにひとり遊びをしていない女性は、その環境に長時間耐えられないわけです。

それゆえケイシーは、

「女の子は小さいときに、時々ひとり遊びをさせなさい。できるだけおままごと遊びをさせなさい」と言うのです。そしてなおかつ、「小さいときにおままごと遊びをしていた女の子、そうでない女の子、それぞれの統計を将来、とってごらんなさい。小さいときにおままごとをやった女性は子育てがラクなはずです。そうでない女性は、子育てが辛苦になってしまうでしょう」とも言っています。

早い段階で準備しておくことが大切……というわけですね。

池川　では、ひとり遊びをしていなかった方が子どもを産んだ場合、どうしたら良いのでしょうか？

光田　そのときには、ある種の信仰心を持って、

「わたしは驚くべき魂の養育をいま、神さまに任された。そしてこの子どもを育てることは、わたしの魂の成長にもなる」と理解するのです。

「神さまに委ねられた」という発想になると、ずいぶんラクになると思います。

ある種の信仰心というのがポイントですけれど。

信仰心というのは、どこかの宗教というわけではなくて、

〝驚くべき方が、わたしにこの魂を委ねてくださった。養育を任せてくださった〟という気持ちになると……近視眼的にならないで済む、ということなのです。

大きいストーリーで、客観的に見ることができるようになりますからね。

一対一で目の前の出来ごとに絡まってしまって「キーッ」となっている状態から、もっとゆったりと、ひろい視点で見ることができる……と。

「神さまに委ねられた子どもなんだ。わたしはそれを育てる。そうすることで、わたし自身も高まるのだ」

そういう考え方になれば、もっと違った気持ちになれると思います。

池川　男性、「お父さんの存在って、育児でどういう位置づけなんでしょうか？」とよく

聞かれるのですが……ケイシーさんは何か言っていますか？

光田　ケイシー的には、少なくとも最初の一年間は、お父さんはできるだけ関与したほうが良いと言っています。

池川　でも、そうしたくても、妊娠中〜後はホルモンバランスの関係で、奥さんは気が立っていることが多いんです。飼い猫がひっかく、みたいな（笑）。

で、旦那さんはちょっと引いちゃう……みたいな感じになってしまって。

そのあたり、どうしたら良いんでしょうか？

光田　それは、日ごろのスキンシップが足りていないのかもしれません。

奥さんが妊娠したときから、ご主人はもうちょっと積極的に介入したほうが良いと思います。

池川　マッサージとか……？

光田　そう。マッサージしてあげる。わたしはほとんど毎晩、妻にマッサージしていました。

池川　おぉ、さすがですね！　ただ……サラリーマンの方とか、たいてい働き盛りじゃないですか？

で、妊娠中は「子どもと奥さんのためにカネを稼ごう！」というのもあって、なかなか帰ってこれないし……疲れきって帰ってきて〝マッサージを……〟なんて義務的にやられても（笑）されたほうも、うれしくなさそうだし……（笑）。

もうちょっと楽しくやらないといけないと思うんですけれど、そのあたりはいかがでしょうか？（笑）

光田「一日わずか五分が、将来おおきな違いになる！」と、理性的に了解しておくことでしょうね。

池川 なるほど（笑）。……それしかないですものね？

光田「一日五分の投資で、将来驚くべき……」と、念じておくのです（笑）。

池川 ひっかかれようと何されようと（笑）とにかく五分！

光田「大丈夫？」とか、なだめすかしながら、マッサージする……と。

池川「（胎内の）赤ちゃんには、意識がありますよ。話しかけてくださいね」というアドバイスを受け入れて下さる方は、ご夫婦関係が良いことが多いのです。出産後、うつになることもほとんどありません。なので「妊娠中から、交流しなければ！」と思うとつらいのだけれど、

「子どもが話を聞いてくれている」と思うと、わりとすっと入れるのだと思います。旦那さんがそうやって赤ちゃんに意識を向けると、奥さんはたぶん、うれしいはずなんですよ。とにかく、そういう方法も使って、いろいろ試してみたら良いのでは？　と思います。

光田　さきほど「魂は、妊婦の心境に引き寄せられる」というお話をしましたが、その心境には……当然、ご主人も大きく影響していますからね。

ご主人との関係がぎくしゃくしているときには、そういう魂は入ってゆきづらいのです。

池川　講演会でよく、「（おなかの赤ちゃんにとって）お父さんはどんな存在ですか？」と聞かれるので、

「となりのオジさんですね」と（笑）お答えしています。

赤ちゃんとお母さんはへその緒で一体化していますが、お父さんとはつながっていないから、お父さんは「自分の子だ！」と思っていても、赤ちゃんからするとやっぱりお母さんが「主」なんですよね。

そういうときに（お母さんが）イライラして夫婦げんかになると、

「わっ、嫌なやつ！」と、お父さんが認識される（笑）。

そうすると、生まれたあとで「嫌なやつに抱っこされたくないから、泣く!!」というパターンになるのかな……？　と思ったので（笑）、

妊娠中のお母さんには、

「赤ちゃんはお父さんを他人だと思っているから、まず〝この人はパパですよ、お父さんですよ、いい人なんだよ、優しい人なんだよ〜〟と紹介してあげてね」とお願いしています。

これをやってくださった方のばあい、生まれたあと……赤ちゃんはお父さんに抱っこされて目が合うと、ニコッと笑う。

おじいちゃん、おばあちゃんも同じです。おばあちゃんは自分の孫によく生まれてほしいから、お嫁さんに「こうしろ、ああしろ」と結構ムカッとする（笑）アドバイスをするわけです。

そうすると「嫌なばあちゃん」という印象になるじゃないですか（笑）。

赤ちゃんからすると「また嫌な人が来た」って（笑）。

で、おじいちゃん、おばあちゃんのところに連れて行くと泣くわけです。

これは実話なんですけれど、夫婦でどうしても出かけなければならなくて、おじいちゃ

ん、おばあちゃんに子どもを預けたら……ずうっと泣きっぱなしで。すぐに電話がかかってきて「お願いだから、連れて帰ってくれ」と言われてしまったそうなのです。だから、自分たちがラクするためにも、仲間をいっぱいつくっておく。そのためには「妊娠中から、いろんな人を紹介しておいたほうがいいよ」と……。

光田　そのとおりだと思います。

池川　それで夫婦の仲がよくなると、子育てもラクになるし、子どももあまりぐずらない。あと、マッサージしておくと、赤ちゃんも気持ちがいい。そういうバランスが、何となく見えてきましたね？

光田　はい。知っておくと、いろいろなときに助けられると思いますよ。

池川　で、とりあえず乳児期が終わって、つぎはよちよち歩きの三歳ぐらい……いわゆる〝イヤイヤ期〟にはどうしたらいいんでしょうか？

光田　まず、重要なのは離乳食のタイミングです。離乳食については、ふつう産婦人科ではどのように……？

池川　昔はミルクだったので、まず味の違いを覚えるために「果汁」だったのです。それも、「裏ごしした果汁で」と言っていた。夫にはやらないことを（笑）子どもには一生懸命手をかけてやって苦労したあと、離乳食に入るんです。

まだ顎《あご》の力が弱いので、離乳食からだんだんと……かたいものに変えてゆく。

ところが、母乳で育てた子は（母乳の味は、母さんが食べたもので変わるので）果汁が要らないのです。

そして、ミルクの場合は「吸う」ので顎の力が弱く、離乳食が必要なのですが……母乳は「かむ」ので顎の力が強い。なので、いらないんです。

イスに座ってよだれを垂らして欲しがるときがちょうどあげるタイミングなのだけど、すぐにあげずに、じらすんだそうです。焦らして、それからあげるとパクッと食べる。

子どもを三人産んでるひとだと、三人目は離乳食をあげてないばあいが多いですよ。

だって、離乳食作るヒマがないから。でも、最初の子には一生懸命やります。

で、離乳食の本がまた……うそを書いてあるんですよ（笑）。

あれは病院で生まれた子どもを新生児室に隔離したあと……抱っこしないでミルクで育てて……といったケースの育児書なんです。

だから、子どもに意識を向けて、自然出産して、母乳をあげた子の発育はぜんぜん違うはずなんですけれど……みんながそれを「正しい」と信じているので、育児書と自分の子どもの発育が違っていると「生きづらい」と感じるわけです。

宇宙人だった記憶を持っている〝サアラさん〟という女性が言うには、「宇宙人はプラーナ（氣）を食べるので、そもそもモノは食べません」と。それゆえ彼女は、離乳食を口に入れられたさい、ものすごい屈辱を感じて、「わたしは家畜じゃない！」と思ったそうです。

そういう意味でも、子どもにもし、宇宙人の記憶があったら……尊重したほうがいいかなぁと。

「宇宙人の記憶」というのは、ケイシーさんには出てこないのでしょうか。

光田　宇宙人の記憶はないですけれども……もっとおもしろいのは、
あるお母さんが離乳食の時期に何か食べさせようとするのですが、子どもがどうしても拒否するのです。

池川　そういう子はいますよね。

光田　お母さんが「どうして、うちの子どもは食べないんでしょうか？」とケイシーにたずねたところ、
「彼はアトランティス人の前世が非常に濃いので……いまの食事ではなく、アトランティ

ス人が食べていたようなものをあげなさい」と（笑）。

池川　おぉ！　おもしろい。アトランティス人は何を食べていたんでしょうか？

光田　そのお母さんが「じゃ、何をあげれば良いのでしょう？」と聞いたところ、ケイシーは「イチジクとプルーン、それからコーンミールのようなもの」と答えたそうです。それがアトランティス人が食べていたものなのだと。で、お母さんがその通りにしてみたら、お子さんはちゃんと食べたそうです。

池川　ほほぉ〜。アトランティス人は宇宙人だと聞いたのですが、どうなんでしょうか？（笑）。

ヒカルランド的にはどうですか？

——うちの社長も宇宙人（!?）ですから……こんど、聞いておきます（笑）。

池川　お願いします（笑）。

あと、「アトランティス」のほかに「ムー」というのがあるじゃないですか。あれは「宇宙人がつくった」と聞いたのですが……？

——はい。それが有力なようですが、諸説もろもろといった感じです。

池川　あっ、話がそれてすみません（笑）本題に戻しますと……やっぱり、消化にいいものというか、子どもが受けつけるものをあげれば良い、と？

光田　はい。しかし、歯が生えないうちは固形食はあげません。半固形でも、です。

きょうからできる！　魔法の「五分間☆暗示法」

光田　それから、忘れないうちにお伝えしなければいけないことがあります。

ケイシーの子育てにはあと二つ、重要なポイントがあるのです。

これを言わないで終わると、わたしも消化不良になるのでね（笑）。

まずひとつ目は、子育てのさいに「どこにポイントを置くか？」。ケイシーは「文字を覚えさせる」とか、そういうことよりも……小さいときから「意志力を育てることに、一番の重きを置け」と言っているのです。なぜかというと、「人間がほかの動物の魂と違う、いちばんの特徴は意志力であるからだ」と。どういうふうにやるかというと、小さいときは、それは〝選択力〟という形であらわれるんです。ようは〝選択する力〟です。

たとえば、靴《くつ》を履かせるとき……二つくらい用意して、「きょうはこの靴とこの靴、どっちにしますか？」と聞く。「きょうは雨だから長靴のほうがよいと思うけれども、あなたはどっちがいいの？」と言って、好きなほうを選ばせる。そして選んだ結果について、自分で体験させるわけです。

小さいときは選択肢が二つくらいなんですけれど、だんだん大きくなるにつれて選択肢が三つになったり四つになったりするし、複雑にもなってくる。夕食のメニューとか、服を買うとき、とにかく選ばせる。やみくもにたくさんの中から選ばせるというよりも、オプションを示しておいて「どれがよいですか？」と聞く。そのなかから、選ぶ力をつけさせるんです。

これが将来、どういう意味を持つかというと、自分の人生によいほうを選ぶ力になる。自分にとってどの学校に行くのがよいのか、どこに就職するのがよいのか、どの人と結婚するのがよいのか……等、自分で決定して、それを選んでいく力になる。

そうすると自分でどんどんやりますから、お父さん、お母さんは手間がかからなくなるんです。

実はうちの娘は、中学校卒業と同時にアメリカの高校に行きました。「中学を卒業したら、日本の高校には行きません。アメリカの全寮制の高校に行きます。お父さん、お母さんに期待するのはおカネを出してくれることだけです」と（！）宣言しました。そして大学も、自分でいろいろなアメリカの大学をめぐって「わたしはここに行く」と決めて入学しました。これから二年生になります。

何事も自分で選択する力をつける。これはとても重要で、そうすると自分の才能も、自分の選択力で発揮できるようになります。親が「こうしたほうがいい、ああしたほうがいい」と言うと、結局子どもは迷ってしまいます。そうじゃなくて、小さいときに選択肢を示して、その中から選ぶ能力を高める。選ぶ能力を高めるということは、意志力を育てることになります。これがまず、子育てにおいて重要なことなのです。

もうひとつは、「五分間暗示法」です。これは幼児教育……あるいは、右脳教育の七田《しちだ》先生が積極的に採用されましたが、もともとはエドガー・ケイシーから出ているんです。

子どもが眠りに入って最初の五分間は、顕在意識が閉じて、無意識の扉が開いている状態です。そのときには暗示がものすごく届くそうなのです。親の目から見て、「ここを伸ばしたほうがよいな」と思うことがあったら、その五分間に限って、暗示を与える。そうすると、よい形で引き伸ばされていきます。

たとえば、うちの娘は小学校の真ん中あたりで「算数きらい」と言いはじめたんです。算数が嫌いでもよいけれども、この先いろいろと「(娘にとっては)不利が生ずるだろうな」と思って、彼女が眠りに入ったところで、わたしと妻がかわるがわる言いました。「算数を勉強すると楽しいね」。ポイントは「勉強しろ」という発想ではなく「算数の勉強は楽しいね」「いろんな計算がたちどころにできて楽しいね」「お店に行ってお買いものするとき、すごくラクになるね」とか……とにかく、算数ができることがどれだけおトクなのかを五分間、言い続けるわけです。一回ではダメですよ。毎晩、二～三週間やるわけです。そうすると本人も、だんだんと算数嫌いが解消されてゆくのです。

ちなみに、これは大人にも有効です。唯一効かない時期は「思春期」なのだそうです。思春期は〝無意識のうちに、両親が言うことに反発するよう〟体ができ上がっていますから……あまり深く考えない。「思春期は、反発しないと、まともじゃない」くらいに思ったほうがよいです(笑)。本来、反発することで心が耕されるわけですからね。思春期の反発はそういうもので、思春期には五分間暗示法も効きません(笑)。

でも、とにかく五分間暗示法はとても便利で、いろいろなところに使えます。

それから……いまチラッと思い出したことがあるので、もうひとつお伝えしておきます。

それは、子どもはかなり早い段階で、自分の性別を意識するようになるということ。もう二～三歳くらいで「男の子である」「女の子である」ということをはっきりと認識して、その差異について興味を持つのだそうです。


娘が小さいとき、わたしと一緒にお風呂に入りまして。すると、わたしのナニを見て「パパ、これ何？　なんでこれがあるの？」と言うから「うん、パパ買ったの」（笑）。

「へ～、どこで売ってるの？」「デパートに売っているよ。子どもサイズから大人サイズまでいろいろあるよ」と言っていたら、うちの娘は本気にして、デパートのおちんちん売り場を想像したらしいです（笑）。


それで、お風呂に入るさいに、娘があまりにおちんちんを気にするものだから（笑）あるとき、股の間に挟んで見えないようにしたんです。

そしたら娘が「パパ、おちんちんどうしたの!?」と言うから「外しておいた」（笑）。

「ラップにくるんで冷蔵庫に入れた」と言ったら、「ああ、生ものだしね」と（笑）。

わたしは実験が好きなもので、こんな調子で（笑）娘でいろいろとデータをとりました。

そういうわけで、子どもは、わりと早い段階で性別の差に気がついて……そういう発想を持ちはじめる、ということも覚えておいて下さい。

そして、さきほどお伝えした二つ、「五分間暗示法」と「意志力を育てる」。

これがケイシーの子育ての中で重要なポイントです。

ぜひ、取り入れてみるとよろしいかと思います。

Part 2

ふたりの歯医者さんと、不思議な妊娠⁉
〜ますますアヤシい！　トーク編〜

咲弥《さくや》

神津島出身。
「まざ～ずあーす２号店」
女将。

中山孔壹《なかやまこういち》

いわき市にある
「中山歯科矯正医院」
院長。

梅津貴陽《うめづたかはる》

横浜市にある
「生麦駅前歯科クリニック」
院長。

ふたりの歯医者さんと、不思議な妊娠⁉
～ますますアヤシい！トーク編～

さて、ここからはメイン講師おふたりに加えて、（当日）ゲスト参加なさっていた歯科医・中山先生と梅津先生、それに「不思議な妊娠」でおなじみの咲弥さん……のお三方にも、トークに加わっていただくことになりました。

いまや「胎内記憶」のみならず、あらゆるオカルト～スピリチュアル・ネタを網羅している⁉ 池川先生ナビのもと、トークは「宇宙人」「アトランティス」など、いかにもヒカルランドらしい（笑）アヤシさ満点！の方向へと、どんどんシフトしてゆく展開に。

本題である「エドガー・ケイシー」から、やや逸脱してしまった感もありましたが……歯科医おふたりによる「子どもたちの現状」や、咲弥さんの「バース・トラウマ」体験など、ジャンルを超えてぜひ、みなさまにお読みいただきたい！と思える内容ばかりでしたので……あえてそのまま、収録させていただきました。

いろいろなご意見があるかもしれませんが、それも含めて、『未来育児』に一石を投じるディスカッションになったのではないか？　と思っております。

☆こちらは2018年８月、
ヒカルランドパークで開催されました
「光田 秀×池川 明」トークショーのもようを
《Part２》としてまとめ＆収録したものです。

いわきのスーパー歯科医・中山先生、登場！

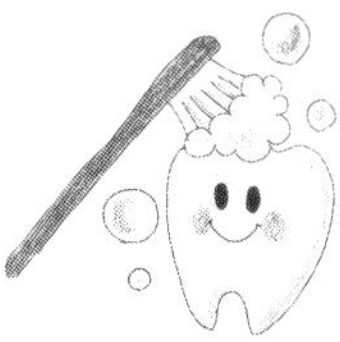

池川　中山先生は矯正がご専門ですけれど、オステオパシーの知識はどちらで……？

中山　僕のメンターのドクター・カール・ニシムラというアメリカの日系三世の先生が、小児オステオパシー（の権威）ドクター・フライマン女史の愛《まな》弟子なんです。その先生が偶然にも歯列矯正の専門医だったんです。アメリカのロマリンダ大学の助教授までやっていた先生で、その先生と実は縁があって、僕はオステオパシーとトラウマの研究をしていたんです。

池川　オステオパシーを知らない方もいらっしゃると思うんですけれど、アメリカではメディカルドクター、医者と同等の資格だと言われています。鍼灸師《しんきゅうし》さんみたいなことをするんでしょうかね？　骨格系とか筋肉とか、そういうのに習熟しておられる。

アンドルー・ワイル博士の文献で、「オステオパシーのドクターが、生まれた直後に子どもの背骨の矯正をする。ゼリーみたいにやわらかいので、簡単に矯正できる。これをやっておくと、その後の子どもの発育にものすごくいい」と言っていたのを、実はずっと知りたかったのです。そのお話をちょっといいですか？　興味あるところなので。

中山　僕の専門は矯正なので、定期的に来られる患者さんの比較写真を撮るんです。問診で出産の状況を非常に重視するんですけれど、普通分娩と難産と帝王切開で、顎顔面の成長発育がぜんぜん違っちゃうんです。

難産は何となくわかると思うんですね。産道を通ってくるときに非常に大変だったので。お母さん方に「うちの子は帝王切開だから、なんら問題ないですよね？」とよく言われるんですが……分析をして追っていくと、帝王切開はそれ独特のゆがみとかひずみが出てくるのです。いまのホモサピエンス……現代人は、成長方向が、たとえば縄文人と比べると縦方向、垂直方向にグロースがあるんです。難産の方と帝王切開の方は、独特の成長方向を持っています。個々によっても違いますが、普通分娩の方はある意味、産道を通ってくるとき、回旋《かいせん》してきて形が整えられるんですね。しかし難産の方ほどそれが崩れるため、まず左右差が大きいです。あと、上下的な変異もあります。ドクター・カール・ニシムラは、つねにこれらを総合的に分析・評価して、臨床に生かしていました。

シンメトリー（対称性）の重要性を、誰よりも熟知していました。

池川　難産というのは、逆子であるとか、お産が長かったとか、そういうようなことでしょうか？

中山　そうですね。逆子の場合も、陣痛の問題も、あとお母さんのメンタル的な部分も含めて僕は見ていますが、一般的に普通分娩じゃないケースは、何らかの形でその後の成長発育に影響します。

帝王切開も、実はそうなんです。「帝王切開は、なぜ影響が大きいのかな？」と思って、いろいろ調べたんですけれど、まず赤ちゃんが「自分（の意志）で生まれるタイミングじゃない」ということなんです。つまり、本来は陣痛というのは赤ちゃんとお母さんの共同作業なんですが……やっぱり、赤ちゃんがサインを送るからだと思うんですね。それができないというのは、（赤ちゃんにとってみると）抜き打ちで襲われたような感覚なのだと思います。

池川　なるほど、襲われた感覚……赤ちゃんに、あらかじめ「帝王切開して生まれるよ」と言っておいたら、多少違うんでしょうか？

中山　きょう先生方のお話を聞いて、僕はそこだなと思ったんですね。帝王切開があるということがわかった時点で、ドクターはじめ全員の意志を反映させた場合は、相当変わってくるんだろうなと思いました。秘密裏に進んじゃうのがよくないんだと思います。

池川　赤ちゃんをさしおいて、まわりで全部やっちゃう……みたいな。

中山　そうだと思います。あと、お母さんが帝王切開だと、非常にストレスがかかるんですよね。そのメンタル、マインドが赤ちゃんにダウンロードされ……その後のトラウマになっていくんですね。だから、成長発育にとって「出産」「分娩」は、ものすごく大事なのです。

いま、歯並びの悪いお子さんがすごく多いのです。でも、統計をとると、虫歯はすごく減っている。一歳半〜三歳児健診とかでも減っています。小学校、中学校でも減っているのですが、歯列不正は逆にふえています。

歯並びが悪くなる原因というと、「かたいものを食べない」とか「遺伝だから」とよく言われますが……たしかに一理あるものの、それ以外の比率が非常に大きくて。その最たるものが、分娩ではないかと思っているのです。どういう分娩になるかによって、（そのあとの）顎顔面を含めた成長発育が大きく変わってくるので……結果的に、歯並びに関係してくるというわけです。

あとは、呼吸と姿勢なのですが……ここも、非常に出産と関係してきます。

さきほどおっしゃられたように、

ココアバターを使ってマッサージしたりするのは、すごく大切ですね。

あともうひとつ、ドクター・カール・ニシムラ先生がやってらしたことは、非常にシンプルなんですけれど……生まれたての赤ちゃんの口の中、ちょうどかたい硬口蓋《こうこうがい》のところと（あまり奥までやると軟口蓋なので）、将来歯が出てくるであろう歯列弓《しれっきゅう》（歯肉）のところを、小指で軽く撫《な》でてあげるんです。やさしくさわるといった感覚です。オステオパシーでは、それだけでゆがみ・ひずみ（ディストーション）のリリースになるんですね。

圧をかけすぎない。赤ちゃんがおっぱいだと思って吸いついてくる場合もありますが、そうやって軽く上と下、特に上顎が大事なんです。

脳頭蓋《のうとうがい》と（直接的に）交流することができるので……そこを、できれば一週間ぐらい、毎日。数分間で良いので、一日に三～四回ずつ。やさしい声をかけながら、お母さんがしてあげる。そうすることで、そのあとの顎顔面の理想的成長や歯列不正の予防にもつながります。

あと、昔のお産婆《さんば》さんは、生まれた直後に、必ず赤ちゃんを逆さにしてお尻をたたいていました。実はこれ、単なる儀式ではないんです。オステオパシーでは脳脊髄液の流れを非常に重要視するんですね。仙骨をたたくことによって、脳脊髄液のバランスを整える。これは生まれた直後ほど影響力（意味）があるのです。つまり、時間がたてばたつほど、その影響力は減ってくる。この一連の流れが、非常に大事なのだ……と、僕はメンターから教わりました。

出産のあと、（衛生面から）グローブをした上で、赤ちゃんの口の中を軽くさわる。ドクター・カール・ニシムラ先生から、確実に効果が出ている症例も見せていただきました。

池川　なるほど。逆さにしてたたくの、さいきん見なくなりましたね（笑）。

中山　そうですねぇ。昔に比べるとずいぶん、やらなくなってきているようです。それこそ統計をとって、そのあとの「成長方向」「発育状況」「対称性」の差異を見ていくと、相当影響が出てくると思うんですけれど。とくに脳脊髄液の流れでは、明らかに差が出てくると思います。

「不思議な妊娠」でおなじみ！　咲弥さんの㊙エピソード

――ちょうど生まれるときのお話が出たところで。咲弥さんは、お母さまのおなかにいらしたときの記憶があるんですよね？　そのあたりのお話とリンクするかなと思ったのです

けれど……。

咲弥　うちの母は、妊娠して二ヶ月ぐらいから吐き続けて、点滴なしじゃいられないような状態で……そんな状態のなか、わたしの魂が（母の体に）はいってゆくんですけれど……これ、どこまでお話ししたら大丈夫でしょうか？（笑）

――ここはヒカルランドなので（笑）なんでもＯＫです！

池川　光田先生のお話だと、ちゃんと目的があって（母体を）選んでいくということでしたが……そのあたりは、いかがでしょうか？

咲弥　さっきのお話だと、わたしは家の環境に耐えられる魂というか、忍耐をつける必要もあったので、あえて父と母を選んで入ったのですけれど……。

池川　忍耐を、自分につけるということ？　お父さんとお母さんに……じゃなくて？

咲弥　はい、自分にです。ひょっとすると、両親にも……ということなのかもしれませんが、どちらかというと〝自分自身を鍛えるため〟みたいな感覚でしたね。もっというと、「経験をしてみたい」ということがいっぱいあって……生まれてくるときに、いろいろな計画をつめ込んで来たんです。

で、わたしは人間が初めてというか、地球が初めてなんです。ただ、「過去世」と言われている、さまざまな情報や経験を「データ」として自分の中に取りこんで、地球にやってきているので……いちおうの記憶は持っていて。ただ、肉体的にこう……人間として、三次元にどっしりいることが初めてだったんです。なので、体になれるまでに、すごく時間がかかりました。赤ちゃんはみんな言うんですけれど、(体になれるまでのあいだ)首がすわるとか、ハイハイとかがすごく大変だ……と。

池川　そうみたいですね。宇宙記憶(!?)のある方から、「自分の意識で体が動かせないことに戸惑った」と聞いたことがあります。

咲弥　そうですね〜。やっぱりそうですか。

池川　なれるまでには、ちょっと……時間がかかる?

咲弥　すご〜くかかります。

池川　それを待たずに、口の中におっぱいを入れられると、「ものすごい屈辱感」とか「困ったなぁ」とか、ありました?

咲弥　わたしは帝王切開で出産して、下半身麻酔だったんです。で、産んだ直後に体の感覚を戻そうと足を動かしたら……足が、まったく何も感じなくて。自分の体が「なにも感じない」「動かそうと思っても、動かせない」ということが気が狂うほどのストレスでした。自分の意志で体が動かないというのは、こんなに精神に影響するんだな……と思いました。そこでわたしは、「足にはフォーカスしない」と決めて、ぜんぜん違うことに意識を向けるように努めたのですが……たとえば、ケガや事故で足が麻痺《まひ》された方は「体が、動かせるはず！」という脳の思いと、体の思いが食いちがって「ものすごいストレスなんだろうな」と思いました。

池川　赤ちゃんは生まれたときに、それを味わうわけですよね。咲弥さんは、おなかの中では自由に動けていたのですか？

咲弥　おなかの中で……意識が出たり入ったりできる段階では、けっこう自由でした。

池川　生まれてくると、もう意識が抜けていけなくなって、固定しちゃう感じで？

咲弥　はい、固定していきますね。発達して成長していく段階に入ると、体を動かして経験していく。「こうすると、ここが動く」みたいに。

池川　いまは、生まれたばかりの赤ちゃんをじっと抱っこしている方が多いんですけれど……咲弥さん的には、たとえば……おっぱいに連れていくとか、そういう動かすタイミングを、大人はどうやって見わければいいんでしょうか？

咲弥　赤ちゃんに聞くというか。触れあってゆくなかで、たぶん、向こうが伝えてくる感覚みたいなものがあるはずなんです。言葉はなくとも「ああ、こっちに行きたいのかな？」とか。

池川　生まれたあと、その感覚に注意してみてくださいね……ということでしょうか？

咲弥　はい。そうだと思います。

池川　なるほど。子どもが生まれる前に、知っておけたら良いポイントですね。

咲弥　はい。感覚なんです。感覚を大事にしていけば、いいんじゃないかと思います。

池川　たぶん、生まれたあとで〝赤ちゃんが戸惑う〟ということを知らない方が多いんです。助産婦さんすら知らなかったりするので、親切心ですぐ、生まれた赤ちゃんをおっぱいに連れていっちゃうんです。赤ちゃんにはえらい迷惑だと知らないで（笑）いいことしてると思ってる。赤ちゃんにとって、相当苦痛なはずなんです。やっぱり「おっぱい飲む？」とか聞いて「うん」と言ったら連れていく……という流れが欲しいですよね。

咲弥　はい。聞いてあげるのは大事だと思います。

――咲弥さんは、お母さんのおなかに来たさい、「あ、思ってたよりもツラそう。帰ろうかな？」と思ったとたん、入口が閉まって帰れなくなったと……。

咲弥　そうなんです。なにしろ、人間がはじめてだったので（笑）、いろいろな計画をたてて「こういうふうにしたい、ああいうふうにしたい」と思って。父と母を選んで入っていくんですけれど、ちょうどエレベーターみたいな感じでおりてくるんです。そして、地球の集合意識の層というんでしょうか？　重力の負荷がかかる層に達したさい、いままで感じたことのない不快感というか……圧というか、感覚を感じて。「ああ、このままわたしは体に入っていくことはできない、人間はムリ」と思ったんですよ。この地球というところにわたしは生まれて、これからいろいろな計画をしているけれど……「とてもじゃないけどムリそうだから、帰ろう」と思ったんですね。

そしたら、目の前でゲートが閉じてしまって、もとに戻れなくなってしまって。そのとき、母は妊娠中毒症があまりにひどくて入院して、三十キロ台まで痩せてしまって。お医者さんから「今回はあきらめなさい」と言われたのを「いや、がんばります！」と言いはったんです。母はソフトボールのピッチャーで、体育会系でしたから。でも、さすがの母も「やっぱり、ムリ」となって、中絶を申し出たのが……ちょうど六ヶ月を過ぎたあたりで。先生に「もうこのタイミングではおろせません。あとちょっとですから、がんばりましょう」と言われてしまって。それがたぶん、わたしが「帰ろう」と思ってゲートが閉じてしまったタイミングだったと思うのです。

仕方なく、母は「あと四ヶ月耐えるしかない」、わたしも「この人の体に入るしかない」……ということで、すごく絶望的な気持ちで母のおなかに入っていくんですけれど、これがわたしのバース・トラウマだったのかな？　と思っています。

池川　お母さまはつわりがひどかったんですよね？　つわりがひどいというのは、おなかの中の赤ちゃんからすると、どんな感じなんでしょうか？　その原因というか……どんなことでつわりになるんですかね？

咲弥　たぶん、母の拒否するような気持ちというか……思いもあったんでしょう。母は、わたしが小さいときから、「この子を育てられるんだろうか」という不安がすごくあったみたいで。「目を離したら、この子はどこかに飛んでいってしまうんじゃないか」という不安と「何をしでかすかわからない子」みたいな……「自分の知らないことが起こるんじゃないか」みたいな恐怖心から、彼女は拒絶したんじゃないかなと。

池川　なるほど。光田先生、エドガー・ケイシー的に〝つわり〟というのはいかがでしょうか？

光田　肉体的には、ケイシーのすすめた飲み薬があるのです。「ある二つの薬剤をまぜて飲むと、つわりはラクになりますよ」と。

池川　つわりの原因は赤ちゃんにあるんでしょうか？　それとも、お母さんでしょうか？

光田　う～ん。ケイシーの飲み薬は「肉体にまず、はたらきかけて（つわりを）解消しましょう」という場合に用いるものですから……。

池川　では、お母さんの肉体のほうに原因があるという……？

光田　というか、そういう視点で「つわりがひどい」という症例は、ちょっと記憶にないのです。あるかもわからないですけれど、いまのところの記憶では……つわりと聞いたならば、ケイシーは「これとこれをまぜて飲んでごらんなさい」。あるいは「こういうオステオパシーをしなさい」と。つわりがある場合のオステオパシーは非常に有効です。

池川　やっぱり、体の面からということですね。

光田　はい、体の面からアプローチします。

池川　なるほど！　話の腰を折ってしまって（笑）すみません！　いま、やっとつわりで生まれるところまで来たんですね（笑）。

――咲弥さんは、産道を通ってくるさい「なんかきつい」と感じたのを覚えていらっしゃると……。

咲弥　はい。これは胎内記憶になると思います。わたしは二～三歳くらいまで、夜中に泣き叫ぶことが続きまして。しばらく瞳孔が開いちゃって、ふと我に返る……みたいなこともあって。そのときの記憶は、昔のテレビの砂嵐みたいなザーッという感覚がどんどん近づいてきて「大きな親指と人差し指に押しつぶされる」ような感覚で。子宮から出される……というか、収縮してくる子宮の壁のイメージが、ずっと残っていたんです。それがしばらく続いて、小学校にあがってからも、時々思い出していました。

池川　恐怖を感じるんですよね？

咲弥　はい。恐怖です。「あ、出されちゃうな、潰されちゃうな」みたいな。

池川　そういうとき……お母さんやお父さんはどうしたらいいんでしょうか？　なにか解消する方法はあるんでしょうか？

咲弥　うちの母は、わたしをたたきました。

池川　えっ!?　はたして、それはＯＫなんでしょうか……？

咲弥　どうなんでしょう（笑）。あと、ホメオパシーのレメディを使ったりもします。

池川　効果がありますか？

咲弥　あります。ストロモニウムとかオピウムとか、恐怖にいいレメディで。

池川　ホメオパシーというと、世間の人から「そんなもの効くわけがない」と言われて、ボロボロにたたかれるんですけれど……（笑）やっぱり、効きますよね？

咲弥　はい、効きます！

ボディ・マインド・スピリットｗｉｔｈトラウマ！

――トラウマの話が出たところで、中山先生からも。

中山　僕はメンターから、人間を見る上で、「ボディ・マインド・コンプレックスで考えることが一番重要である」と教わりました。

池川　ボディ・マインド・コンプレックスというのは、体と心の複合体ですよね？

中山　はい。僕らは医学教育をボディ中心で習っている。たとえば……さきほどの「つわり」の話もそうで、つわりは「ボディが原因の中心」と見てしまうのですけれど……実は「マインドが相当影響している」という発想の転換が大切なんです。

要するに、意識が体に反映するという。

たとえば、病気になると病院に行きますよね？　ほとんどの人は、「ボディに現れている症状（現象）を診てもらいたい」と行くんですけれど、実はその数日〜数週間前からマインドの変化がおこっているということなんです。それこそが、イギリスの高名な内科医・バッチ博士が何万人という患者さんを診て、見出したひとつの法則なのです。

僕もまさにそのとおりだと、日々の臨床を通して実感しています。

じゃ、マインドはどうか？　というと……マインドの鍵となるのは、実は潜在意識なんです。

きょう、先生方からお話がありましたが、潜在意識には膨大《ぼうだい》な容量があります。でも、そこに直接アクセスできないんですね。フロイトやユングが取り組んだように、僕も夢をたいへん参考にさせてもらっています。また、トラウマリリースセラピーやポジティブサイコロジーを使い、潜在意識の中のキーワードを探していくんですね。潜在意識にそれだけの容量があるということは、実は計算能力（処理スピード）も速いのです。たぶん、スーパーコンピューターが追いつかないぐらいの能力がある。が……ひとつ問題なのは、顕在意識ではキーワードを見つけることができないこと。キーワードさえ、しっかりそこにインプットしてあげたなら……自動的に演算をはじめて、答えを導き出せます。

それが、トラウマを解消する大きなポイントなのです。

池川　キーワードというのは、トラウマをつくった現象ということでしょうか？

中山　そうです。本質的な問題です。何が一番問題だったのか？　それがわからないので、自分の顕在意識の中で延々と右往左往しちゃうんです。

池川　そのキーワードを探すためには、どうしたら……。

中山　現在、現象（主訴やトリガーポイント）で起きている部分から掘り下げていきます。たとえば、「将来に希望を持つと、同時に罪悪感を感じてしまう」という方がいらっしゃいました。下手すると罪悪感のほうが大きくなってしまう。でも、人に希望を持たせるのはノープロブレムなんです。で、その方を掘り下げていったさい、それこそ魂が宿ったときの問題が出てきたんです。その方は「こういう目的で宿りたい」という明確な意識だったのですけれど……お母さんとお父さんの意見の相違がそこに微妙に混在していて、実際に宿ったら、ちょっと違っていた。そのギャップがトラウマとして、現在の「希望を持つと罪悪感が出ちゃう」という状態を引き起こしている。そのばあい、本質的な……そこの宿ったところに、何らかのリリースできるアプローチを探していくことが重要なのです。そうすることで、現在の罪悪感を解消する。

「より本質を見きわめて、より本質にアプローチする」というのが、一番のポイントです。

そのキーワードが、潜在意識にあるということなのです。

池川　なるほど。エドガー・ケイシーさんは、トラウマ解消についてはいかがでしょう？ケイシーさんに直接聞ければ良いのですけれど、それが叶わないとなると……みずから潜在意識にアクセスするにはどうしたら良いか？　リーディングに、何かヒントはありますでしょうか？

光田　ケイシーのばあい、最も本質的なやり方は「神のなさりようを信ずる」というところにいくんですね。あるいは、ケイシーの言葉で言うならば「Analyze yourself」。まず自己分析を徹底してやりなさい、と。自己分析をした結果と、それから「わたしを生かしている神は、わたしにどのようなことを期待されているのか」を味わって、その二つを調和させる……という努力をするのです。そうすると、直接過去のことにこだわらなくても、解消されてゆく。なので、わざわざリーディングを受けなくても有効にはたらくというわけです。

わたしはケイシーのリーディングを受けたわけではないですけれど、「自分の過去世があるだろう」と仮定して……あとは、自分を分析した結果として、「たぶん、自分がこういうふうな方面で生きると、わたしをおつくりになった神は喜ばれるに違いない。それは、自分の喜びである」ということを認識して、そこに自分の人生を集中する……ということに努めています。

ある意味、過去のことにとらわれない練習でもありますよね。

過去のトラウマで何か生じたさい、それは自分の人生に不要なことであるとして、徹底して自己分析をした上で、同じ反応をしないような努力をする。

同じ反応をしない努力をするひとつのキッカケとして、「こういうときに、神は何を望まれるか？」というのを考えて「実行する」。そういう鍛錬をするんですね。
もちろん、一〜二回ではできないので……一〜二年をかけて練習する。
そうすると、たとえば昔は「こういう人に会うと、ムカッとして」「トラウマが反応した」かもしれないけれど……練習すると、徐々に反応しなくなる。言ってみれば、トラウマから自由になるわけです。トラウマから自由になってしまえば、わざわざ一個一個のトラウマについて何だったかを詮索しなくても済むようになるというのはありますよね。でも、トラウマに関しては……ケイシーが「これは、この過去世から来ているよ」と言及したケースもたくさんあるのです。

池川 （個々の原因に）気づくことでも解消するし、そうでなくても毎日の練習で解消することもできる……と。

中山 そのとおりだと思います。実は遺伝子もずっと研究していまして、いま、時代はエピゲノム（エピジェネティクス）なんですね。簡単に言うと、人間の体は約40兆個の細胞でできていて、必ず毎日、数億個の細胞は死んでしまう。それを補わないと生命を維持できません。そこで重要なのが幹細胞。それがまたいろんな細胞をつくっていく。環境に応じて幹細胞はさまざまな組織になっていく（分化していく）んです。基本、約40兆個の細胞はぜんぶ同じ遺伝子なんですけれど、臓器別に分化をしていって、特性が出てくるのです。また、遺伝子というのは（環境に応じて）ひとつの遺伝子が3万パターンもの異なるたんぱく質をつくるということがわかってきています。つまり、環境しだいなんですよ。

たとえば……いま、がんで亡くなる方がいらっしゃいますよね。

がんは遺伝子の病気ですが、遺伝子が悪くてがんになる方は、本当は5％なのです。残りの9割以上は、環境に応じてつくった、3万パターンのたんぱく質の問題です。悪いのもできれば、いいのもできますから、

それが十～二十年かけて、がん細胞に変化していくのです。環境なんですよ。

魂はどうかというと、僕がさきほどのお話で思ったのは、魂にとってトラウマが環境のようなもので、トラウマがあることで魂が進化することもできるし、逆にそこから進めなくて下がっていっちゃう場合もある。それは、まさに「遺伝子は、環境によって振る舞いを変える」ということ、また「魂はトラウマによって、いかようにも進化できる」のだと思いました。

池川　そこで、「魂」という言葉と「ソウル」「マインド」。この違いがなかなかよくわからないんですけれども……これは、どのように考えたら良いのでしょうか？

光田　まず、ケイシーの考えでは、基本的に「ボディ・マインド・スピリット」なんです。「ボディ・マインド・ソウル」と言ってもよいのだけれど……スピリットと言うんですよ。「スピリット」と「ソウル」には、微妙な違いがあるのです。ケイシーが「スピリット」と言った場合には、生命力そのもの。不滅の生命力そのもの、あるいは神に由来する生命力そのものがスピリットなのです。これは生命力のあらわれですね。「ソウル」は、「スピリット」に個性がついた状態です。

池川　わかります。魂ですね。「たま」と「しい」で、「たま」がいわゆるスピリットで、「しい」が感情の部分というか、肉体の部分なんです。だから「魂魄」という言い方は、「みたま」と「個性」の二つが合わさっていわゆるソウルということなんですね。

光田　あと、マインドとボディですね。ケイシーの考えによれば、スピリットがボディ（肉体）に宿るさい、言ってみれば魂とボディが重なるわけです。その重なった部分に、魂の部分から……あるいは肉体の部分からも来る「意志力」というのが「マインド」になるわけです。マインドは「肉体側のマインド」と「スピリット側のマインド」と、それから「純然たるマインド」とがあるのです。ケイシーの考えでは、魂のほうにまざっているマインドは超意識といい、どちらにも属してないマインドのところを潜在意識といい、肉体側にまじっているマインドのところを顕在意識と呼ぶのです。

マインドをひとつの円で考えると、集合図と一緒ですよ。肉体と重なっている部分が顕在意識、重なってないところが潜在意識、スピリットと重なっているところが超意識です。そう考えると、わりと捉《とら》えやすくなるかと思います。

中山 僕がずっと見てきて、トラウマは肉体（ボディ）と……肉体に近いマインドの層に、実は多いようです。

池川 潜在意識というか、宇宙につながる意識のところに（普通）トラウマはないですよね？ 肉体につながるからでしょうか。

光田 ケイシーの主張によれば、イエス・キリストでも三十回の生まれ変わりがある。われわれも、数十回の生まれ変わりがあるはずなのです。ケイシーのリーディング録中、一番少なくて「四回」という人がいましたが、たいていは数十回です。

池川 咲弥さんは一回目（笑）。

咲弥 生まれ変わってはいますけれど、地球に来たことがなかったのです。

光田 逆に、多い人だと……百回近いかもわからないですけれど、だいたい数十回と考えましょう。でも、数十回ぜんぶを今回の転生で把握はしないんです。それは無理だから……というか、頭が混乱してしまうので。どういうことをするかというと、今生で役に立つ、今生でかかわりのある過去世をメインで表に近いところに引っ張ってくるのです。それ以外のやつは置いておきます。今生で取り組むべき課題のある転生が肉体側のほうに近づいてきます。それ以外のところはわりと奥のほうにしておく。とりあえず、あまり影響を受けないように。少しは受けますけれど……たとえば、「今回は五つくらいの過去世に焦点を置いて、今生はその過去世の影響力を受けながら生きることにしよう」と。そのときの過去世で残したものを解消するなり、トラウマを解消するなりして、

それをケイシー流に言うならば「つまずきの石を踏み石に変えて生きよう」と。

池川　すてきなフレーズですね。

光田　ケイシーは美しいですからね。つまずきの石を踏み石に変えることにしようと。そうすると、トラウマが恩寵《おんちゆう》に変わってゆくわけです。自分の人生を高めてくれる場合がある。それをするかどうかは、われわれの自由意志なんです。意志力にかかる。誰も強制しない。ここにまた意志力がかかわってくるわけです。神ですら、その人が次の瞬間、何をするかご存じない。神はその結果がどうなるかだけをご存じであるという言い方をして

います。

中山　自由意志というのは、福島での震災のときに、一番大事にしたところなんです。なにもない状態で、水、電気、ガス、ライフラインが絶たれて、（ある意味）マンパワーもなくなった。そうすると医療機関があまり機能しなくなってくるんです。そのとき、「医療は何を提供できるのか？」とすごく悩んだのですけれど……やはり、最後に残るのは自由意志なんです。自分で選択することによって……免疫系をはじめとする、生命エネルギーを高めることの大切さを学んだように思います。

なので、いまのお話を聞いて、やっぱり自由意志というのは「最後の最後に、自分たちに残された切り札なのだな」と思いました。ほんとうにありがたいなと感じます。

池川　（小さいときから）自由意志を発揮できるように子育てすれば、健康になるということですね？

光田　それは重要です。それはケイシーの子育ての中核にもあります。

池川　つながりますね！　健康のヒケツは、子どものときの自由意志にあったのですね。

光田　小さいときは選択力です。どれを選ぶか？　ですね。

中山　ちなみに僕は、母親が「子どもに手をかけたい」というタイプだったんです。ノートとか教科書に、まず自分で名前を書いたことがないんですよ。ぜんぶ母親が書いちゃうし、教科書とかもきれいにぜんぶ表紙をつけてくれてて。

池川　じゃ、夏休みの宿題とかも、お母さんが……？

中山　宿題はさすがにないですけれど、ドリルとか……あるじゃないですか。そこに、答えをぜんぶ、赤ペンで書いちゃうんです。「なんで書くのかな？」と思ったら、「書きこむ時間がもったいないから、覚えなさい」と。ある意味、母親としての子どもへの愛情なのですが……。母親もある種のトラウマがあったのだと思います。そうすると、僕みたいな感じに育つわけです。僕はみんなから「殿」と呼ばれています（笑）。いまでこそいろいろやりますけれど、昔は冷蔵庫もあけたことがなかった。やっぱり、自由意志がはたらかなかったんですよね。

小学校のころは、毎月のように「熱が出た」「おなかをこわした」で、学校をよく休んでいました。いまだと、原因が手に取るようにわかるのですけれど。

愛情という意味で、望んでいたものとのギャップを埋められなかった。

自由意志は本当に大切だと思います。

池川　自由意志が使えないと、体の調子が悪くなるということでしょうか？

中山　そうですね。結局、自由意志をどうやって自分で育むか……というところが、生命力と直結しているのだと思います。

光田　はい、直結しています！

中山　だから僕は幼少期、あれだけ体が弱かったのだろうなと腑に落ちています。

いまは本当に、「すべて自分で決定する」というふうに、真逆に仕向けているのですけれど……。ただ、トラウマはやっぱりそうカンタンには取れないんですよね。

トラウマにもいろいろありますけれど、つきつめていくと、やっぱり根柢（本質）の部分の問題なのです。

ですから、池川先生のご専門である「妊娠」「出産」……そして「魂が宿る」という現象は、文字どおり「人生さいしょの」一大イベントなのだと感じています。

トラウマは遺伝する⁉　母子ダウンロード説の検証

池川　わたしたちが習ったころはワトソン・クリックのモデルがあって、「遺伝子がすべて解明されたら、人間は全部わかりますよ」と言われていたのが……二〇〇三年、ヒト・ゲノム計画が終了した時点で、意外と遺伝子は少ないことがわかった（笑）。10万あると思ったのが3万ぐらいしかみつからなかった。遺伝子は、たんぱくをつくる元情報ですが……「おなかの中の環境で、たんぱくのつくり方のパターンが変わる」という話をさきほど、されていましたよね。

要するに、遺伝子というのはたんぱくをつくり、そのたんぱくで感情から何から、人間の活動すべてを（いちおう）説明できるんです。それが、たんぱくをつくるときにお母さんがどういう環境にいるかによって、「つくられるたんぱくが変わっちゃう」という話なんです。

ということは、お母さんの気持ち・感情・食べもの・体の鍛えかた……とかで、子どもの成育がおなかの中で変わってくるということ（！）なのです。

それをまだ、みなさん知らないですよね？

マニアックな方は「エピジェネティクス」という言葉を知っているんですけれど。

中山　きょうは（会場に）食の先生もいらしていますけれど。

じつは、お母さんの妊娠前からの食べもの自体が大きくかかわっているんですね。

妊娠してからでは、逆に遅いぐらいです。

アグーチマウスという太ったネズミの子孫はみんな太ったネズミになるんですけれど、ある特殊な食べ物を食べさせると、次の世代はふつうのマウスに生まれ変わるんです。

生まれ変わると言うとおかしいのですけれど……遺伝子は一緒なんですが、環境が変わると、発現系が変わるんですね。

そしてじつは、食べもの以外……マインドも関係しているという研究もありまして。

なんと、トラウマが遺伝する（！）という研究もあるのです。

池川　えっ！　そうなんですか⁉　トラウマが遺伝するというのはまずいですね〜。

中山　これは、アメリカの9・11テロのときのケースなのですが……。

ニューヨーク市マウント・サイナイ医学校とイギリスのエジンバラ大学が共同で研究した結果です。アメリカのWTC崩壊を目撃した三十八人の妊婦のうち、出産から一年後にPTSDを発症した母親の赤ちゃんのコルチゾールレベルは、未発症の母親の赤ちゃんよりも、はっきりと低い数値を示したのです。（※コルチゾールは、副腎皮質から分泌されるストレスホルモン）。通常は、ストレスがあるとコルチゾールは上がりますが、長期にストレスがあると、枯渇して、だんだん下がってきます。つまり、トラウマを受けた母親が、潜在的な精神疾患を生まれる前の子どもに伝えた可能性があるというわけです。（生物学的な形式が遺伝した）トラウマの生物学的な効果が、世代を超えて伝達されたわけですね。

このように、トラウマと遺伝の関係がエビデンスとして出ていますが、それ以外の研究の仕方で、たぶんもっといろんな形（トラウマのバリエーション）がわかると思うのです。だから、「これを何か生かせないかな?」と日々思っています。

――中山先生は「母親の感情から意志から、ぜんぶ子どもに筒抜けだ」と、おっしゃられていましたよね？

中山　そうなんです。「言葉に出さなければ大丈夫」と、たいていの妊婦さんは思っているんですが……感情は、確実に移行します。さきほどエドガー・ケイシーさんのお話の中にもありましたが、子どもは六歳までは脳波で言うとデルタ波とかシータ波なんです。催眠トランス状態なので、まさに寝た直後、起きた直後の感じですね。

だから、ぜんぶダウンロードされると言われています。実際に掘り下げていくと、やっぱりそういうケースが圧倒的に多いので、子どもというのはそういう存在だということをたくさんの人に伝える必要があるのでは……と思っています。

池川　暗示も効きやすい？

中山　暗示が効きますし、「暗示」と意識しなくとも、もうすでに入っている（影響を及ぼしている）ということですね。

池川　子どもに「あんた、どうしようもない子だね〜」なんて言っていたら、本当にどうしようもない子になってしまう……と。

中山　はい、そう思います。

池川　逆に、「あなたは、すばらしい！」と言ったら、すばらしい大人になる……というのが、六歳までの脳波で説明できるという？

中山　そうですね。よく、「こんな子に産んだ覚えはない！」と怒りますよね？　そういう意識でいると、実際そういう子どもになってしまうのです。

池川　でも、お母さんの意識はそうなっているわけですよね？　もうすでに「こういう子になっちゃう」という意識でいるわけだから、（子どもは）それを汲み取りますよね。

中山　臨床の現場においては、そのように感じております。

池川　やっぱり！　講演会でわたしが言ってきたことは、間違っていなかったのかも（笑）。

光田　だから出産・育児に対して、もうちょっと「神さまからの預かりもの」という発想を持たれたほうが良いのですよ。

池川　妊娠してからじゃなくて、妊娠する前に「どういう赤ちゃんにするか？」というイメージを持って、母親になる準備をしなきゃいけないということですね。

光田　準備は重要です！　あと、ケイシーの美しい言いかたで、「月経は自然の摂理。受胎は神の摂理」というのがあるんです。

池川　また「踏み石」みたいにきれいな言葉でまとまっていますね（笑）。

光田　はい。こういう発想は重要ですよね。妊娠というのは「行為の結果として、自動的になされたもの」ではなく……「宇宙の配慮あってこそ」という発想です。「神の力によって、わたしはこの子どもをいただいた」という発想で「自分が育てる」というよりも「預けられた」「魂の養育を任された」という発想に変えていったほうがよいのです。

池川 神というと、キリスト教がパッと浮かびますが……キリスト教の神、ということではないのですね？

光田 もっと普遍的な、われわれを存在せしめた方です。

池川 「宇宙から授かった、大切な命」ということですね。でも、わたしたちはその存在と、もともとつながっているわけですよね？

光田 はい。ず〜っと、つながっていますよ。

池川 それをいつのまにか、忘れちゃってて……（笑）。

光田 そう（笑）。忘れているだけなのです。

池川 ははは、いつ忘れちゃうんですかね〜？（笑）

あけてはならない！　耐えがたき喜びの扉のさきには「死」？

池川　宇宙人的にはどうなのでしょうか？　宇宙人として暮らしているときは、ずっと大いなる存在との一体感があったのでしょうか？

咲弥　だと思います。でも、忘れる必要があって……いまは、あえて忘れてるんです。

池川　地球だと、忘れちゃいますよね（笑）？

咲弥　やっぱり重力とか集合意識とか潜在意識とか、そういう層があるからこそ忘れるし、忘れるからこそ学べたり、気づけたり、成長したりする機会を得ることができるんだと思います。なかには、覚えている人もいますけどね。

池川　時々いらっしゃいますよね。サアラさんという方がおっしゃるのは、「宇宙人的なものは一万年という単位で生きているので……死なないし、意識が変わっていくのみだ」

と。経験と体験が継続してゆくので「生まれ変わっても、それまでの人生の積み重ねができる」そうなのです。ところが地球に生まれると、ぜんぶゼロになってしまう。でも、地球人がすごいのは、たかだか百年で、ゼロから相当のことをなし遂げる力を持っていることなのだと。「これは宇宙人にはない、ものすごい能力だ」と言うのですね。

咲弥　いま、すごくわかる気がしたんですけれど……だからこそ、たぶん、宇宙人は地球に来るんですよ。この短期間で、人生たかだか何十年から百年で、こんなに魂が成長できる機会はない！　と思うんでしょうね。

池川　宇宙人は人間よりも緩やかに成長してゆくみたいですし、ね？

咲弥　はい。緩やかに、緩やかに……ですね。その成長だけでは物足りないから、ハードな経験とか、忘れるという体験をとおして……〝自分探しにいく〟みたいなプロセスで、わざわざここに来るという。

池川　ということは、「人生つらいです」とか「死にたいです」と言う人は、順調に地球人を楽しんでいるということでしょうか？（笑）

咲弥　わたしは四十二年間生きてきて、何回も死のうとしたんです。息子を妊娠するまでは、本当に自殺未遂をしたこともあって。救急車で運ばれたこともありましたけれど、死んでも死んでも、死ねなくて。「わたしは死ねないんだな、生きなければいけないんだな」と、生きる覚悟を決めたのが……息子を授かったきっかけだったんです。だから息子は「俺はお母さんのどん底を救った」と言うんですよ（笑）。「俺のおかげで救われたんだよ」みたいなことを、この前も言っていました。

池川　つらいこととか、思いどおりいかないこと、まさにそれを経験するために来ているとしたら、順調な人生！

咲弥　はい、順調ですね！　これはドルフィン先生もおっしゃっていたんですけれど、そこで「なんでこんなに自分ばっかり」とか、「なんでこんなにうまくいかないんだろう」とか、「なんで過去、あんなことをしてしまったんだろう」とか、「いまの自分が許せない。こんな自分はダメだ」とか……自分自身を責めたり否定して、もがくから苦しくなると。「この自分でいいんだ。過去のあれはいま、自分がここに来て、こういうふうに生きるために必要な経験だったんだ」と肯定することで、「ぜんぶOK、これでいいのだ！」と、すごく生きやすくなるとおっしゃっていましたが、わたしもそのとおりだなと思うんですよね。

池川　さきほどのAKIRAさんという歌手の方がおっしゃられていたのですが……ある

とき、潜在意識の層の扉をあけてみた（！）んですって。ジャンキーな方なので……普通のおちょこぐらいの量では足りなくて、「ジョッキに二杯飲んだ」と言っていました（笑）。普通だと死ぬらしいですけれど、それでずっと潜在意識の奥までおりていったときに大きい扉が見えた、と。儀式のシャーマンのお師匠さんは、その扉を開けたために死んでいるそうです。ですから「その扉は絶対に開けてはならぬ」と言われていました。でも、開けたかったので扉をドンドンたたいたら「帰れ！　この喜びに人間は耐えられない!!」と言われたそうです。

「いや、どうしてもあけたい！」「死んでもいいのか!?」「死んでもいいです!!」と言ったら、全身スキャンされたそうです。そこは何だかすご〜く科学的なんですよ（笑）。スキャンされて「よぉ〜し、じゃあ、扉を三回たたけ」と言われてたたいたら、ギギッーとあいたとき、すごくまぶしい光を浴びて、それが「喜び」でしかなかったと！　憎しみとか悲しみ、苦しさ……妬みなんかも入っている。それがぜ〜んぶ「喜び」だったそうなのです。だから、それを知った彼のつくる歌はぜんぶ「みんなＯＫ」という歌詞なんですよ。

最終的には、「つらい」とかそういうことも含めて、ぜんぶ「喜び」ということのようなのですね。「喜び」だけの中にいると「喜び」が普通だから、とくべつ感動もないけれど……。いろいろな経験をしたときに達する「喜び」というのは、ぜんぜん深さが違うような気がするんですよね……。地球で生まれて喜怒哀楽を味わって、死んださきにその扉があるのかなぁ？　と。

咲弥　わたしは一回、ある体験をしたときに、あけてはいけない扉じゃないんですけれど……たぶん、同じ扉だったと思うんです、遭遇して。すごい光で、まぶたが痙攣《けいれん》して。

池川　それは臨死体験ですか？

咲弥　生きていました。意識はあったんですけれど、ある施術を受けていたら、まぶたがピクピクして、すごい光が降り注いで……すごく幸せだったんです。「わたしはこのまま死ぬんだろうな。もうどうでもいい、何でもいい」という喜びしかなくなって、一斉ヒーリングで突然、そんなふうに覚醒してしまって、ニヤニヤ笑いがとまらなくて。二百人ほどの会場での公開施術でなってしまって、もう笑いがとまらなくなって「幸せ！」というのを表現したかったんですけれど、ちょっとヤバい人になるなと思って（笑）そこは抑えて。冷静になってきたら、またいろいろな光がおりてきて……最後、その光が消える直前に「ミトコンドリア」と言われたんです。

わたしはＤＮＡかなんかのらせんが見えたんですけれど、「ミトコンドリア」と言われて、ミトコンドリアってゾウリムシの仲間かな？　と（笑）。「わかんないや」と思って放っておいて、それから数年たって、『松果体革命』（松久正 著／ナチュラルスピリット）で「ミトコンドリアを活性化させる」というのが出て、「これをちょっと体験させてもらったのかな？」と思ったんですけれど。でも、そんな体験をした翌日に、いつものわたしに戻っているんですよ。恨みがましかったり、すぐ怒ったり、いじけたり、そういう自分に戻って、あんなすごい経験をして、「わたしはきょうから、すべてが愛として生きていく！」と思っていたら、「な〜んだ、ただの自分だったなぁ」って。

でも、そのときにわかったんです。怒ったり、ネガティブだったり、トラウマを持ったりすることが、人間だから必要なのだと。真実を一瞬だけ、体験させてもらって「また戻って、冒険しておいで」ってことだったのかな？　と。あとから思いました。

池川　ＡＫＩＲＡさんの経験と似ていますね。本当にすべてがＯＫで、すべてが喜びだと、同じことをおっしゃられていました。

というか……すごい経験ですよね⁉（笑）わたしもきっと、死ぬときにはその体験ができると信じて（笑）楽しみにしておこうと思います。もし経験できなかったら、もう一度生まれ変わって、またチャレンジすればいいわけだし。

声が変わる、味覚が変わる？　運命転換期のサインとは

――咲弥さんのインタビューで印象深かったのが、「わたしは四回違う人になっているんです」というエピソードです。「咲弥さん」という方がいま、ここにいらっしゃるわけですけれども……中身は四回違う人になっていて、「一回目、二回目、三回目に会った人は、記憶から消えている」みたいなことをおっしゃられていて……。

咲弥　それが起こったのは、まず十九歳と二十四歳と、息子を出産した三十二〜三十三歳のときと、あと四十歳になる直前だったと思います。生まれてから「この環境はちょっと

違うから、帰ろうかな？」というパターンもあると思うんですけれど、わたしの場合は戻らなかった。想像以上に、この環境とボディの傷とトラウマによる傷が強くて……将来的に目指していた魂の計画が「このままでは無理だ、死んでしまうかもしれない」となって。ぜんぶじゃないんですけれど、中身を一回入れかえる。ウォークインとか、いろいろな言い方をする方もいますけれど、わたしの場合はそれではなくて……。

池川　ウォークインということは、「本来持っている情報を書きかえる」ということでしょうか？

咲弥　情報を書きかえるという感じでもあり、大もとのところの一部と、わたしの損傷した一部をチェンジするみたいな感じで中身がかわっていって。それによって、性格とか見た目も変わってしまいます。わたしは人前でこうやってしゃべることなんて絶対できないタイプで、自己紹介もできなかったんです。中身がいろいろ変わっていく中で、できることがふえていったり、あとは必要なエピソードというか……親の顔とか、忘れちゃいけないエピソードはちゃんとのこしつつ（笑）、「えっ、そんなことあったんだ！」とか「どなたでしたっけ⁉」ということは……けっこうありました（笑）。見おぼえのない人が「ひさしぶり〜」と近づいてきて「ヤバいな〜」とアセッたり（笑）。そういうのがわりとあって、そのへんの記憶が四回のうちで激しく入れかわって……四回目で、最後のチェンジがようやく終わったみたいで。たぶん、もう大丈夫だと思います。

池川　自分の意志で変えることができるんですか？

咲弥　いえ、勝手に向こうから起こっていく感じですね。

池川　宇宙には、みなさんの一生をストックしておく場所があるらしいんですよ。それが宇宙空間にダーッと並んでいて、そこにタッチすると、その人の人生が一瞬にしてインストールされるような……USBじゃないけれど、そういう場所があるらしくって。

咲弥　データバンクのような？

池川　そう。さっき咲弥さんが「過去に、地球で暮らしていた人の情報を持ってきた」と言っていたけれど、たぶんそれですよね。だから「退行催眠をすると過去の記憶が出る」と言われるけれども、それは自分の記憶でなくて、他人の記憶のこともあるらしい。その情報を「一部入れかえた」ということなのだと思います。

ドルフィン先生によると、それをまさに、松果体が夜中の0時〜2時ぐらいにやっているそうで。「アップロードしてはダウンロードする」というのをくり返しているそうです。

で、その時間に起きているいると書きかえができないらしくて。たとえるなら、「買ったばかりのパソコンをＷｉ－Ｆｉにつながずに使っている」状態なのだそうです。Ｗｉ－Ｆｉとつなげば、すぐに情報がアップデートできますよね？　「それと同じような生き方をしたらどうでしょう？」というのが『松果体革命』というわけです。要約するとたぶん、そんな感じなのだと解釈しています。

赤ちゃんが生まれてきたときは、（松果体がまだ開いているので）宇宙とつながるんだけれど、ワクチンとか、フッ素とか……あるいは、怒りとかのネガティブな感情で松果体は閉じてしまう。お母さんが不安を抱えていると、松果体が閉じて生まれるから……スタンダードな赤ちゃんになるのでしょうね。でも、松果体が開いたまま生まれたら……宇宙とつながった子になるわけだから、ものすごく情報をアップデートしてくれる。世界中にイノベーションが同時に起こるのはその仕組みだと、たしかそんなことも書いてありました。

ということは、「エピジェネティクス」もそうなんですけれど……妊娠中のお母さんの感情とか気持ちのありようが、子どものその後に影響するわけです。だから、「もっと気をつけましょう」「子どもを産む前から、お母さんはもうちょっとお母さんになる準備をしましょう」。きょうはそんなお話ですかね（笑）。

で、そのあたりに気がつくのが遅かった人はどうすれば……？（笑）

咲弥　松果体を喜ばせて、元気にすればＯＫ。

池川　なるほど。喜べば開く！と。あと、「シリカ」と言っていますよね？ケイ素でできているので、ケイ素もいいらしいと。「松果体はケイ素でできている」とも、ドルフィン先生はおっしゃっていますよね。いま、ケイ素がすごく重要視されているのは松果体〜宇宙とつながるからかな？

咲弥　タオイストの方とかは、肉体が炭素からケイ素化していく……クリスタルボディになっていく中で、そういうワークをやっています。肉体は普通、燃えて炭になるじゃないですか。それをライトボディに変えていく中で、ケイ素化していくんです。そういう秘儀をされている方たちは、やっぱり「ケイ素が必要だ」と。「細胞、肉体がケイ素化していく」とも言っています。

池川　理由はいろいろあるけれど、とりあえずケイ素がいいんですね。ヒカルランドでも売っているようですから、みなさん買って下さい（笑）。

さて、中山先生は「四回違う人になった」というお話、いかがでしたか？

中山　「違う」という意味では、たとえば……僕とみなさんは違いますよね。

どうして違うのか？

きょうは遺伝子の話が出たので……つまり、細胞の中の遺伝子が違うので、僕の細胞をもし、みなさんに移植したとすると、拒絶反応を起こすんです。

じゃ、細胞の中で遺伝子がいちばん大事なのか？

遺伝子は、たしかに情報としては大事なんですけれど、工場をイメージしてもらうとわかりやすい。

つまり、工場のラインの単なる機械に過ぎないのです。

そこにどういう受注（オーダー）が来るかによって、できるものがまったく違ってくる。

さきほど申しあげた、3万パターンの可能性があるわけです。

つまり、遺伝子よりも、もっと大切なのは情報なのです。

情報はどこから入ってくるかというと、外から入ってくる。
細胞の中に、情報はありません。

たとえば、体にいい無農薬の野菜を食べたり、
心地よい音楽を聞いたり、健康のためのエクササイズをしたりすると、
それが情報（シグナル）として血液を通したり、リンパ液を通したり、
ほかの細胞（微小環境）を通して入ってくる。それは細胞膜からしか入らない。

「レセプター」「エフェクター」などの感覚受容器があって、
「情報（シグナル）」はそこと結びつき……やがて変換されて、遺伝子に伝えられる。

ということは、細胞膜がいちばん大切なのか？
いいえ、膜に入ってくる情報は外から入ってくる。最後は、やはり環境なんですね。
つまり、いろんな人になれる可能性は「環境が握っている」ということなのです。
ソウル（魂）は何世代も生まれ変わるとすると、

そのつど環境を選んで来ているのだと思います。

光田先生、いかがですか？

光田　われわれは過去世を、だいたい五つ～六つくらいは意識の近いところに置いています。それ以外の過去世は意識の深いところに配置しています。そうすると、意識の肉体側に近い過去世の記憶、もうちょっと言うならば、過去世は記憶ではなくて、われわれの魂の中でいまだに意識活動をするんです。

だから、たとえば……わたしの顕在意識とわたしの過去世のひとつが交流することも一応、可能なんです。霊能者が見ると、わたしの過去世がわたしの守護霊として見える場合もある。いずれにしろ、過去世というのは単なる記憶ではなくて「いまだに意識活動をする」というのがとても重要です。

そして、エドガー・ケイシーの主張によれば、肉体側に近く配置した過去世がどのタイミングで出るかというと、大きく分けて二パターンです。

ひとつは、年代ごとに出るパターン。

「若いときには、このときの過去世」「二十代には、このときの過去世」

「三十代になったら、この過去世」……というふうに、年代ごとに、どの過去世がメインで出てくるかが決まるパターンです。

もうひとつは、「誰と出会うかによって」決定されるケースです。

過去世でものすごく深いかかわりがあった人と会うと、そのときの過去世がグーッとメインで上がってきます。

じっさいにはこの二つがまざり合った形で、「どの過去世がメインで出てくるのか？」が決まってきます。


たとえばわたしのばあい、直前の過去世が江戸末期の寺子屋の先生で、もうひとつ前が中世の修道士で、そのもうひとつ前が平安末期〜鎌倉初期のお公家さんだった。少なくとも肉体側に近いところに来ているのはそうだと言われるのです。そうすると、「若いころにはこういう過去世が出てきたけれども、中年期になったら、この過去世がメインで出てきた」と。すっかり入れかわるわけではないけれども、メインで出てくる過去世で影響が違ってくるので、人格が変わったように見える。あとは、人格が変わったように見えると、それに応じて、自分を守護してくれる守護霊の雰囲気も変わってきたりします。人相も変わります。

これはケイシーが言っているわけではないですけれど、人間が運命を大きく転換するときには、いくつかの特徴があるそうです。ひとつは味覚が変わる。もうひとつは人間関係が変わる。あと、もうひとつ。「おぉーっ!!」と思ったのは、声の質が変わるのだそうです。

はっきり覚えているのですが、わたしは結婚したときに声が変わったのです。いままでとは違った声の質になった。これは自分ではっきり経験があります。

わたしは妻と結婚したことによって、それまでとは違った過去世の影響……もしくは、もろもろの影響が表に出るようになったのだろうと思ってます。

ちなみに人格を変える上で、結婚はものすごく影響が大きいです。

中山　池川先生はご経験上、そのあたりはいかがですか?

池川　わたしの経験は全然ないのですけれど……思うに、わたしたちの魂のあり方は、三次元の世界になくて五次元なんですよね。五次元の世界から、三次元の肉体におりてきている感じで、もとはぜんぶ一緒。神と言ったり、愛と言ったり、宇宙と言ったりするんですけれど、これを翻訳すると「情報」だと思うのです。ですから、咲弥さんは魂の中に「情報」を入れてきたのだと思います。

みんなも魂に「情報」を入れているのだけれど、宇宙が「スーパーコンピューター」ぐらいの「情報」をもっているとすると、ひとりの人間の魂に入る容量は小さいから……「パーソナルコンピューター」ぐらいの容量というイメージになります。で、それぞれのパーソナルコンピューターが同じ情報じゃまずいわけで、あえて違った情報をあつめてきては、一斉に書きかえをしていく。情報の書きかえが人生の目的だと思うのですね。どんな人生でも、情報は経験すると書きかわっていくわけで……そう考えると、どんな人生でもOKなのです。

で、人生で書きかえた情報を死ぬ時に（あちらの世界へ）持っていければいいけれど、（毎晩）情報を宇宙にアップロードしても、情報の「本体」そのものは地球に残ってしまう。いわゆる輪廻《りんね》というやつにとらわれると、グルグル回ってしまうというか……パソコンがずっと古い情報のままでグルグル回る感じになるんです。何回生まれ変わっても同じことをやっている。退行催眠をやると出てくるのが、夫婦とか親子を入れかえて同じことをやっている人がわりと多いという結果で。「ぜんぜん成長してないじゃないか」と思うのです（笑）。「また今生も同じことをやるの？」というのが輪廻の輪。ずっと男をやっていて、急に女で生まれると、性同一性障害みたいになるのは輪廻が原因だというのです。

本来、わたしたちは転生で向こうに戻って、情報をシェアして、新しい入れ物の中に今度やりたいものを入れて、また持ってくる……ということをしないといけないらしいんですけれど、ほとんどの人が輪廻の輪にとらわれている。本当は転生して向こうから情報を持ってきて、また向こうに持って帰る。五次元世界がＤＮＡ（遺伝子）の発現にかかわり、それこそドルフィン先生のおっしゃる「遺伝子の配列の奥に、また情報があって、この情報によって、動かす」という仕組みがあるのだろうと推察しています。

三次元の世界に魂があるとわかりにくいのですけれど、この魂が二次元世界に手をつくと、同じ手をついても指の部分のそれぞれの違った◯《まる》しか見えないのです。「だから、人間の魂はいろいろな◯《まる》なのね」と思ってしまうけれども……大もとを探れば、「みな同じ人間」というのが、魂とわたしたちの関係ではないかと思うんですね。そうすると宇宙・愛・それから神とは何かというと……それはたぶん、宇宙にある「情報」の見えかたが違うだけのように思うのです。もっというと、素粒子だと思います。

保江邦夫《やすえくにお》先生が言う素領域は、五次元世界を想定すると、ものすごくわかりやすいのです。素領域だけで「魂が飛び飛びになっている」と言われても、よくわからないのですが……「すべての魂が大もとで（五次元世界で）つながっている」と仮定すると……素領域の話がわかりやすくなるのかな？　と。でも、保江先生の話は難しいですよね（笑）。ちょっとわかりづらかったかな（笑）。

で、五次元世界から三次元世界に手を突っこんで、素領域の中の（いわゆる）スピンみたいなものが一斉の方向に向く……コヒーレントというか、同調するようなものって、実はわたしたちはＭＲＩで経験していて。バラバラに動いていた体の中のスピンが、強い電磁波をかけると、一斉に同じ方向に向くのです。電磁波をかけるのをやめると、またバラバラに戻っていく。それを映像に撮ったのがＭＲＩです。だから素領域で、ある方向に突然「こっちからこっちに飛んで見えた」というのは、「もとの人間がこっちを見たら、みんなこうなるのは然るべき現象でしょう⁉」みたいなことかと。

そう考えると、ものすごくわかりやすいと思います。

でも、物理学者にこんな例えを言ったら怒られますね。「どシロウトが口を出すな！」と言われそうです（笑）。

横浜の歯科医・梅津先生のビックリ症例！「子どもたちの歯が減っている」

――梅津先生、むちゃぶりしてもよろしいですか？（笑）

ご紹介させていただきます。横浜の「生麦駅前歯科クリニック」院長先生でいらっしゃいます、梅津《うめづ》貴陽《たかはる》先生です。どうぞよろしくお願いいたします。（拍手）

じつは引き寄せマスターでいらしたり、お子さんのお受験に関する本を出されたり、ダイエットに成功したり……という体験談を本になさっておられるので、テーマ的にもかぶるかな？　と思いまして、お話を伺えたらと思いました。

梅津　いえ、いえ、お邪魔しまして（笑）本当に申しわけございません。

いま、わたしが歯科的に思うのは……子どもたちの歯が極度に減っていることが怖くて。うちの患者さんでは十四本、生まれつき（そろって）いないという子がいます。

池川　数が減っているのですか？

梅津　そうです。永久歯が生まれつき十四本ない子がマックスですけれど、あるいは過剰歯ができちゃう子もいます。こういう極端な人間の変化というのが起きている時期な感じがしていて、これをどう捉えるべきなのか。逆にむしろ、わたしのほうがお伺いしたいとも思うんですけれども、どうでしょうか。順に教えていただけたらと思います。

光田　永久歯が十四本ないのですか？

梅津　はい。「親知らずがない」というのは、わたしぐらいの世代でも、わりとある現象だったのです。あと、「もうちょっと前のほうの歯がない」とかもありました。わたし自身も生まれつき二本、歯がないんですけれども、そういうのもまぁ、よくあることで……でも、もっとない！　犬歯までないのですから、もう、あり得ない（笑）。「いちばん大きい歯なのに！」というようなところまでなくなっていて、食べ物のせいなのか？　毒が蓄積されてきたからなのか？　それとも何かほかの理由があるからなのか……？　と。顎が小さくなるのは当たり前の時代だし、そういう異常事態としか思えないような、言葉悪く言えば、いわゆる奇形と言われるような状態が常態化しているような感じで。この大きな変化というのが、いいものなのか、悪いものなのかもわからないのです。

池川　エドガー・ケイシーさんはこれを予見していたんですかね？　人類の肉体が変わっていく……という、いまの状況を。

光田　それはありますね。次の世代は、第五根源人種という人種に変わるという予言があります。Fifth root race という考え方で、われわれは第四世代なんです。エドガー・ケイシーの考えでは、われわれはもともとは魂だったので、肉体に入ってくるときも非常に薄い肉体だったそうです。目を凝らして見れば透けて見えるような状態で、そしてアメーバのようにいろいろな形に変えられるような状態で本来入ったのだそうです。それがだんだんと濃くなってきて、今日《こんにち》あるような重～い肉体の中に入っている。でも、その次の人種がどういう根源人種になるのか？　「変わる」とは言っていますが「どういうふうに」というのは特に言っていません。

これは推測ですけれど、ほとんどの人がオーラが見えるとか、霊的な世界と交流がわりと自由にできる、亡くなった人と自由に交流ができるという意味で、霊的感性が発達した世代がブワーッと出るんだろうなと思っていますけれど……歯については、考えたことがなかったです。わからないですけれども、遺伝子が「歯はそんなに要らない」と判断して放棄したのか？　さもなければ、何らかの毒素が体内に蓄積されはじめて、それが積もり積もってそういう現象を起こしたのか……？　でも、もしも毒素の蓄積であるならば、歯だけでなくて、いろいろなところに出ますよね。

梅津　そう思います。

光田　もしも遺伝子が「もう奥歯は要らない」とか「犬歯は要らない」と判断して、それをつくらなくなったんだとするならば、ある意味で自然な進化のプロセスの一部かもわからないし、たまたまそういう現象がこの時期だけに流行的にバーッと出たのかもわからない。それはケイシーの中で見たことはないです。ケイシーの中にあるのは、「地球人として、いきなりボンと変わる時代がありますよ」ということです。かつてアトランティス時代にあったのが、わたしたちの最後ですけれど。

中山　ボディということにフォーカスすると、さっき僕は、いろいろなものに分化するという意味で幹細胞の話をしましたよね。頭頸部《とうけいぶ》でどこに幹細胞が一番多いか、みなさんご存じですか？　頸椎《けいつい》の骨髄《こつずい》以外では、実は歯根膜《しこんまく》なんです。歯の根っこの膜のところに幹細胞が多いんです。それと、歯髄《しずい》組織という神経の中にもありますし、乳歯のまわりにある歯胚《しはい》にも非常に幹細胞が多いけれど、ほかはあまりないんですね。顎骨の中にはあまりないんです。蝶形骨《ちょうけいこつ》の脳下垂体近くには存在していますが、脳の中もほとんどないです。

ということは、頭頸部で顎顔面《がくがんめん》を担っている幹細胞というのは実は歯根なんです。歯の根っこなんです。それだけ重要な「歯」が減ってきているということは、まさにエドガー・ケイシーさんが言うような相当の変革が起きているのだと思うんですね。けっして、形態だけの問題では済まされないことがまさにいま、水面下で動いているのだと思います。

歯の本数が少ないと、ただ単に歯列が狭くなるという以上に、全体が変わってきちゃうんです。成長の量も方向も違います。幹細胞というのはそれこそ骨・神経・脂肪とかいろいろなものに分化できるんですけれど……その大もとが少なくなるということは、実は生命に直結する問題なのです。でも、そうまでして進化を加速させているということは、やっぱり何か重要な意味（メッセージ）があるのかなと。その真意を読み解けるかどうかが、今世で僕らに課せられた課題～宿題で、それを次の世代に伝えるのもまた、僕たちの役目かなと思うのですけれど……先生方、いかがでしょうか？

池川　わたしに聞かれたら「人間、ぜ～んぶ宇宙人化していく」と答えるかな（笑）。宇宙人というのは……咲弥さんもたぶん、経験おありでしょうけれど、実体がなくて薄いボディだといいますよね。

だから、（肉体を）宇宙服だと考えたばあい、地球はものすごく重力があって、すごく暮らしにくいところらしいのです。イーバという目の黒いやつ……あれは宇宙服で、「なかに宇宙人が入っている」というようなことを言っている人もいますけれど、このボディが次のジェネレーションに進化するためには、おそらく体を変化させないといけなくて。「いけない」と捉えてしまうと「縄文人が、がっしりした体でよかった」となるのだけれど、前向きに捉えれば「そろそろ、その意識を変えなきゃいけない時代に来ている」というわけで。その変化の一環だとすると、どういうふうに変わるのかわかりませんけれども……もうちょっと「魂」というものを意識するような……時代に必要な体になりつつあるのかな？　という気はするんですね。

わたしたちは日ごろ、「肉体を使って」「ものごとをなし遂げている」と思っていますが、これからＡＩが進化していくなかで……もしかすると、人間の持つ肉体は必要なくなってくるかもしれませんよね。そうすると、思考のほうを使って何をするか？（宇宙人の）肉体のない人は、そればっかりやっているらしいんですけれど……われわれもだんだん、近づきつつあるのかな？　と思っています。

発達障害の子たちも、「発達障害」という病名をつけるから病気みたいに見えるけれど、

「宇宙人」といったら普通ですよね（笑）。「ああ、宇宙人なんだ。火星から来たからなれてないんだ。じゃ、しょうがない。三十年ぐらいしたら、地球になれるかな〜？」みたいな（笑）。わたしに聞かれたらそうなっちゃう（笑）。「えーっ!?」みたいな回答ですみません。

中山 いまの子どもたちは、背が高くて……ボーッとしている感じの子も多いように見受けられます。背は、すごく高いのです。

光田 あたらしい人種だ！

中山 発育が早いというか、年齢に比べて背が高いのです。

池川 そういう子たちの意志ってどうなんですか？ やり遂げる力の強さとか、生き抜く力というのは弱いのでしょうか？

中山 病院で見る限りは「ボーッとしているな」という感じです。あまり発言してこないし、そのような印象は受けます。

池川 あっ、わたしも小さいころボーッとしてて（笑）。「ＩＱが低い」と言われて、調べてみたら意外と高くてよかったと言われて（笑）。もしかすると、わたしも地球になれてなかったのかもしれないですね〜（笑）。

中山　きっと、そういうことですよね（笑）。場になれていれば流暢《りゅうちょう》にしゃべれるとか、……そういうことと、同じなのだと思います。

池川　「愛と不食の弁護士」で知られる秋山佳胤《あきやまよしたね》さんのお子さんの同級生が、チョコレートしか食べないのだそうです。でも、その子は至って健康に育っていると。チョコレート以外食べないのに、です。「チョコレートを食べると口の中で光に変わって、それをエネルギーにしているんだよ」と説明するらしくて。そういう子たちについて、咲弥さんは何かわかりますか？

咲弥　うちの息子も最近コーラを覚えて、ちゃんとご飯を食べないんです（苦笑）。でも、どうやら彼らは、「おいしい」と思ったものは勝手に栄養に変えることができる。「体にわるい」と親が言ってしまうと「そうなんだ……」とインプットされてそうなっちゃうんですけれど……彼らは自分の意志で、それを栄養に変えてゆくことができるのです。

うちの息子はきのう、高野弘之先生の豊受《とようけ》クリニックに行ってきまして。不登校もあって、クラスで浮いちゃって……なじめなくって。しばらく様子を見ていたのですが、いよいよ「なんとかしよう」となって「特別支援クラスに」と言われたさい、「診断書が必要です」と言われて。診断書の病名は「注意欠陥多動症」なんです。高野先生も「これは病気じゃないよね。でも、これがないと教育委員会から許可が出ないんだよね」って、おっしゃってました。

わたしもきのう一日、すごく葛藤しました。息子に「俺、病気じゃないのに何で病院に行くの？」と言われて「そうだよなぁ」と思うし、診断書を学校に提出して、息子を特別支援クラスに入れることがいいことなのか、それともこのまま学校に行かなくなってもいいのか。「一緒にお話し会をする？」と言ったら、「ベーコンとハムをくれたらやってもいいよ」なんて言うんです（笑）。

そうか、そういう選択肢もあるのかなと思いつつ……。

ＴＶゲームは悪か否か？　いまどき世代のスマホ事情

池川　そうですよね。そもそも、「なんで学校に行かなきゃいけないのか？」と考えたら、「べつに行かなくってもいいかな？」と（笑）。

このあいだアメリカに行ったとき、みなさん悩んでいらして。不登校の子はいなかったけれど、「宿題をしない」「テレビゲームばかりやる」。テレビゲームについては、四人の方に聞いたことがあるんです。〝ロボットのぞみさん〟というパントマイムをやる方とか、沖縄の越《お》智《ち》啓《けい》子《こ》先生とか……でも、「ゲームはダメ！」と言う人はひとりもいませんでした。みんな一様に「いいんじゃない？」って。

越智先生に「テレビゲームといっても、戦争のゲームなんですけれど……」と言うと「ますます、いいじゃない！」。「えっ、なんでですか⁉」「わたしたち、悲惨に殺された経験をみんな持っているの。テレビゲームをやると生き返るでしょう？　あれをやるたんびに、魂が浄化されるの」と言うので「えーっ、そうなんですか」って（笑）。

それから、べつの方は、「先生が社長だとして、『パソコンできます』と言う人と『パソコンできません。でも、文字はきれいに書けます』と言う人、どちらを雇いたいですか？」と聞かれて。そりゃあ、パソコンですよ（笑）。いま、５Gがスタートしましたが、研究はすでに、その先まで行っているそうです。ものすごく進歩している。みなさん、スマホを使いこなせていますか？　子どもたちはカンタンに使いますよ。「スマホが使えない人が応募してきたら、雇いますか？」「雇いません」。「これからもっと、デバイスは進化していくんですよ。それに適応した人を雇いたいのなら……いま、練習しておかないとダメじゃないですか！」と言われて「ああ、そうですね」って（笑）。説得されました。

咲弥　うちの娘、一歳三ヶ月なんですけれど、スマホの指紋認証と画像認証を解除しちゃったんです。

池川　すごい（笑）。ロックされてるのに！

咲弥　どうやってやったのか、謎なんです（笑）。一回目は指紋認証を解除して、スマホのメッセンジャーから友だちに電話してて。それがきっかけで、その人は神津島に来ることになったのですが……あとは、その方の旦那さんの（スマホの）顔認証を解除して、また電話をかけていたり。どうやっているのか、ぜんぜんわからないんです（笑）。

池川　彼らにとっては普通。手足と一緒なんですよね。

咲弥　そう、普通なんですよ。でも、ハッカーになっちゃいますよね（笑）。

池川　日本はハッカー対策の人が少なくて困っているんですよ。みんなテレビゲームをやらせないから。

「目が悪くなる」と言うじゃないですか。さきほどのＡＫＩＲＡさんのところに、目が見えない方がよく来るそうなんですが……その方は、とあるゲームをやり過ぎた。途中、眼科医からも「このままだと、目が見えなくなるよ」と言われて……でも、やり続けたんですって。それで目が見えなくなってしまったのだと。でも、けっこう幸せそうなんですよ。「僕、それで目が見えなくなったんです」と明るく語るので、そういう人生もあるのかなぁと。

このばあい、「やる」「やらない」を子どもに選択させるというのはどうなんでしょう？ ぜったいに「やる」ほうを選ぶと思うんですけれど……。

光田 ケイシーは「六歳くらいまで、血なまぐさい映画などを見せてはいけない」と主張しています。

池川 じゃ、それ以降ならＯＫですか？ 小学校あたりとか……？

光田 ケイシーの考えでは、思春期を過ぎたあたりでしょうね。ちなみに、思春期は「人間が変身する時期」ですから、ケイシーの中では一番大事な時期なのです。

池川 う〜ん……ならば、逆にさせないほうがよくないですか（笑）？

光田 もちろん（笑）。させないにしたことはありません。

池川 「子ども地球サミット」に出た子のお母さんとお話ししたさい「テレビゲームは、子どもがやりたいのを全部やらせました」と。でも、一番困ったのは「死にたい」と言ってきたときだそうです。小学校二年のときに「自殺する」と言って、首に縄をかけて引っぱった。葛藤があるんですよ。とめていいのか、やらせていいのかわからないけれど「やらせよう」と決めて「見守ろう」と覚悟を決めたら、子どもが「やめた。もう飽きた」と言ったそうです。その子はテレビゲームばっかりやっていたけれど、小学二年生のある日「やめた」と言って。「こんな他人がつくったもので遊ぶなんて、やってられない！」。

それで、こんどは「自分がつくる側にまわる」と言いだした。

ロボットのぞみさんも同じなんです。テレビゲームばっかりやっていたけれど、彼はいま……3Dで空中に絵を描いて、その映像をモニターに映すんです。保存はできないので、その場にいる方しか見えないのですが……わたしが見たのは「桜の木があって、きれいな光る川が流れていて、山が見える」という絵で、それを十分ぐらいで描くのです。

その方も子ども時代、ゲーマーだったというので「ゲームってどう思いますか？」と聞いたら、

「別にいいんじゃないですか？　ただ、他人がつくったもので遊んでいるうちは、まだまだなので……やっぱり〝つくる側〟というか……創造性のあるものに発展していけたら、良いですよね」と言っていました。

「ただ、最初から創造性のあるものはむつかしい。前知識として、まず〝使いこなす〟ことを学んだ上で、創造性が出てくると思うので……悪いことじゃないと思いますよ」という言いかたをされていて「なるほど」と思いました。

そういうわけで、わたしが聞いた中に「ゲームはダメ」と言う人はいませんでした。それをアメリカで言ったら、驚かれて。「いいんですか？」と。いいかどうかわからないけれど「やるな」と言ってもやりますよねと（笑）。

光田　ケイシーだと、たぶん選択をさせるでしょうね。時間を決めさせます。

池川　「宿題をやりなさい！」と叱る親御さんがいたので「子どもに任せたらどうですか？」と言ったんです。やらないで学校に行って、怒られてイヤな思いをするのは自分だし、やらないというのも選択ですよね。で、ある親御さんがじっさいにやらせてみた。そうしたら（案の定）テレビゲームに直行したものの……翌朝、ちゃんと宿題を片づけてから登校したそうで。ちゃんと時間配分できてるじゃない、みたいな（笑）。

咲弥　うちの息子は、夏休みの宿題を一枚もやっていませんし、最初から「やらない」と言っています。ふだんから、宿題はやりませんし。一年生のときに不登校になってから「宿題はやめた」と言って「三年生になったら、学校をやめる」と言っています（笑）。宿題をやめてから一度もやっていなくて……夏休み中、家族のなかで一番ダラダラしていて、ず〜っとゲームをやっているか、ディズニーのミュージカルを見たり、映画を見たりして過ごしています。放っておいているんです。どういうふうになっていくのか？　ちょっと怖い気もするんですけどね。

池川　信じましょう！　信じることが大切です。

咲弥　はい、信じます!!

池川　YouTuberで一番稼いでいる人はゲームばっかりやっていますよね？　あれで億という単位を稼いでいます。「スマホをやめさせたい」と言うお母さんに「じゃ、もしこのスマホをやることで月収一億だったらやめさせますか？」と聞いたんです。「いや、やらせます」と言う人、「ちょっと考えます」と言う人、「やめさせて、月収何十万かのほうがいいかな」と言うお母さんもいました。それもまた、お母さんの選択ですよね。

中山　昔では考えられなかった職業ですけれど……これからまた、どんどん可能性が広がっていきそうですね。

池川　はい、もっとデバイスが変わりますからね。

ホリエモンさんがこの間、近畿大学に行って卒業生にスピーチしたとき、「君たちが思っている以上に技術は進歩している」と。5Gの話もしていましたが、「それ以上のことも研究しているんだ」と。「君たちは社会に出たとき、それに対応できないといけない。それには言われたことばっかりやっていてはダメなんだよ。これからは自分で創造性を持って、何をやるか決めていきなさい」ということを主張していました。

たぶん、それだと思うんですね。レールの上に乗っていただけで、将来が何となく見えた……のは、昭和の時代ですよね？　これからはものすごく速い時代なので、そんなことをやっていたら取り残されてしまいます。取り残された過去が読み書きそろばんです。「読み書きそろばんはできるけど、パソコンはできません」という人を会社は雇わない。日本語ができなくても、英語ができる人は雇うんです。そういう時代に変わってきていますから、そこのところを親がどう思うか？　ですよね。ガマンして見ているのか？　それとも強制するのか？　はたまた、子どもの意志に任せるのか……？　ここは考えどころですよね。どれも悪くはないと思うし。親が強制して、子どもの自主性を出させないとしたら、ダメでしょうけれど。

極めよ、ワガママ⁉　そのさきにある利他の境地とは

光田　ケイシーの考えでは、個人の趣味だけに走ると、人生が枯れるんですよ。自分の「好き」という発想だけでやると、能力は頭打ちになります。必ずそこに「誰かを喜ばせる」とか「誰かのためになる」という発想がないとダメなんです。究極は、神が喜ばれるようにする。そうすると、上限がなくなります。

池川　子どもが「スマホをやりたい」といったばあい、「それをやると神さまは喜ぶの？」「誰かが喜ぶの？」……と、聞けばいいのですね？

光田　そうですね。もしも、やるのであれば。

池川　子どもが「これをやると、この人がこんなふうに喜ぶんだ‼」ということを、堂々

と親に説明できたらＯＫ。

光田　もしくは、選択肢をもっと広げる。スマホ以外の遊び方をね。

池川　それで、よく「外で遊びなさい」と言うじゃないですか。でも、親が遊んでないんですよ（笑）。

親がデスクワークとか家にこもってて、子どもに「外で」と言っても絶対にやらないですよね？

光田　はい、無理です（笑）。

池川　親が外に出て楽しかったら、子どもも必ずそうしますよ。

テレビゲームより、そっちのほうが絶対おもしろいはずだから。

でも、〝ゲームのほうがおもしろい〟という人生しか送ってこなかったら……？

やっぱり、ゲームに依存しがちになりますよね？

でも、そういうおうちの親御さんにかぎって、

「う〜ん、なかなか（外で遊ぶ）時間がなくって……山に登ったりするのは、ちょっとむつかしいですね」なんて言う。

いろいろと理由をつけるわけです（笑）。

それじゃ、子どもは「スマホでいいんじゃない？」ってなっちゃう。

光田 だからまず、お父さん、お母さんが「誰かのために生きている」という姿を見せなきゃいけない。

池川 それですね。お父さん、お母さんがそうやってて、子どもに諭すのならＯＫですけれど……お父さん、お母さんが人のために生きてないのに（笑）子どもに言っても無理！　ダメですね〜。やはり、子育てのヒケツは（まわりの）大人……ということですね。

中山 トラウマ的に言うと、マインドのステージが上がらないと、トラウマは減らないんです。そのためにはどうするか？　まさにエドガー・ケイシーさんが言っている利他なんです。「forgive（許す）」ということと利他です。

実は「自己決定理論」のロチェスター大学リチャード・ライアン博士が利他の研究ではたいへん有名な方なんですけれど、利他というのは「Vitality（生命力）」と「Self Esteem（自尊心）」がすごく上がるんです。もっと大事なのは、「subjective well-being（主観的幸福感）」が満たされるんです。この三つを同時に叶えるものこそ、利他なのです。

ふつうは客観的幸福感なんですよ。ＳＮＳなどの「いいね」というのは、みんなに評価されて初めて、幸福が得られる典型的なパターンです。いまは「褒めて育てる」ということとで、やたら客観的な幸福感を与えようとしていますが……それだと利他で得られるものとは違ってしまう。本当の利他から得られる幸福感というのは、人からの評価は関係ないのです。まさに、そういう環境をつくってあげるようにすることこそが、大人の役割です。

池川　ひとつ質問です。お母さんは育児をするとき、子どものために「利他」の精神でやっていると思うのです。でも、生きづらいんですよ。子どもも「ウザイ」と言ってきますし（笑）。これは、どうしたらいいんでしょうか？

中山　僕、それもトラウマだと思っています。

そこを掘り下げていくと、やっぱり本質の部分で何かトラウマがある。子どもが素直になれなくて、なおかつお母さんにもトラウマがある。そこを解放してあげて、最終的にはお母さんを「forgive（許す）」。そう思ってしまった自分自身をも許す、手放す。そうして、あいた空間（スペース）に、本当の愛情を入れてあげる……という作業をコツコツやっていくと、必ず結果が変わってくることを日々、臨床で見届けています。

池川　そうすると、「子どものために」と一生懸命やっているお母さんは、「あなたに関わることができると、お母さんはすごく幸せ」というのを子どもに伝えればいいんですかね。

中山　はい、そのとおりです！　あと、本当の意味での「あなたのため」というふうに……お母さんができない可能性もあるんですよ。顕在意識ではそう思っていても、潜在意識のトラウマがそれをブロックしてしまう。そのためにも、マインドのステージを上げて、トラウマの影響をできるだけ排除する。利他による（本当の意味での）主観的幸福感を、その時はじめて、享受することができると思います。

池川　やっぱり他人の評価のため、というのが多いですよね～？

咲弥　たぶん、その段階の前に「わがままに、自分のやりたいことをやり尽くす」ということをやらないと、「人のために生きる」というステージには行けないと思うんです。自分がガマンしているのに、本当は言いたいことを言えないのに、「人のために」となっちゃうと……すごく偽善的だし、自分を押し殺して「人のため」というのは、違うじゃないですか。まず一回、だだをこねる。反抗期とかもそうだと思うんですけれど、小さいうちにわがまま放題、やりたい放題、自分が望むように好きなようにやりたいことをやるということを十分にやって、それを許されていたら、あるときに、人が自由に何かを言ったりやったりすることも、許せると思うんです。さんざんいろいろやってきた上で、「自分は愛されているから、何をやっても受け入れられるんだ」という気持ちが、やがて「人のために」というところに変わっていくんじゃないのかな？　と思いました。

池川　ケイシー的にはいかがでしょう。

光田　これはケイシーではないのですけれど、「算命学」という運命学の考え方で、人の持っている願望は二種類あるんです。

ひとつは「有願」という願望で、もうひとつは「無願」といいます。

「有願」とは何かというと、まわりの環境が自分に与えた願望です。「これしたほうがいいよ、あれしたほうがいいよ」と。あるいは、経済的に小さいころ困窮すると、経済を獲得しなければいけないという願望を強く持ちます。たとえば、お父さん、お母さんに学歴がなくて、よい仕事につけなかったのを見ると「学歴を得なきゃいけない」という願望になる。自分の周囲の状況を見て、本来の願望ではない願望を一時的に持つ。

これを「有願」といいます。

でも、これはあくまでも一時的なものであって、本来は「無願」という魂の願望に目覚めなければいけないのですが……さきほどおっしゃられたように「有願」がある限り、そこに行かないのです。なので、とりあえず有願を満足させる。

経済的に困窮した人は、いちど経済的にバーン！　と成功してみると、そこにあまり意味がないということに気がつきます。つまり、経済的な成功は（必ずしも）自分を幸福にしない……と気がつくわけです。そして、そこからはじめて、自分の魂が要求する「無願」のほうを実行するようになるわけです。

エドガー・ケイシーの言いかたを借りるならば、「無願が霊的理想」ということになります。どれくらい早い段階で、霊的理想に向かうのか……は、個々人の努力によります。四十年で開始する人もいれば、六十年かかっても開始できない人もいる。かと思えば、二十年で開始する人もいる。それは言ってみれば「意志力」と、自分の人生をどれだけ「大事にしよう」と思うかによって変わってくるのです。それなので、一概には言えないですけれど……「やり尽くす」というのは、たしかに一理あります。

梅津　すばらしいお話ですよね。いずれにせよ、昭和も終わって、平成も終わって、令和がやって来て……というなかで、わたしは今年（2018年）エジプトに行ってきたのですけれど、こんなに〝何でもできる国〟って、ないと思うんですね。子どもたちの可能性も、伸ばそうと思えば嫌ってほど伸ばせますし。

池川　それは日本が？　ということでしょうか？

梅津　そうです。アメリカは、池川先生ほどちょいちょい行かないので（笑）わからないですけれど……。こんなに自由にというか、「何してもＯＫ」になりつつある国ってないんじゃないかと思っています。

いずれにしろ、こんなにいい時代を謳歌《おうか》しないというのはもったいないし、きょうもこんなお話を聞かせていただいて、本当にハッピーだなと思うんですけれど、みなさんいかがですか？

池川　楽しかったです！

光田　あっというまでしたね。

――ありがとうございます！

さて、本当にあっというまに、お時間がきてしまいました。

先生方、会場のみなさん、

きょうはお集まりいただきまして、本当にありがとうございました!!（拍手）

不定期れんさい

本日もエドガー・ケイシー日和☆作・画　yae works

Part 3

光田　秀／書き下ろしスペシャル
「祝福に満ちた出産・育児」のためのリーディング

さながら読むヒーリング、宝石のようなケイシー語録

さて、いよいよ最終章となりました。

ここからは、光田先生が（本書のために）とくべつに寄稿して下さった「祝福に満ちた出産・育児のためのリーディング」をお届けしたいと思います。

というのも、イベント終了後「おもしろかった！」「たのしかった‼」と、お褒めいただくいっぽう「もう少し、ケイシーについて聞きたかった……」というお声をも、たくさん頂戴したからです。

また「小さな子どもがいて、参加することができませんでした」という、お母さん方からのメッセージにもハッとさせられ……「なんとかしたい！」一心で、光田先生にご無理を言って、執筆を依頼させていただいたのでした（光田先生、お忙しいなか、本当にありがとうございます）。

ケイシーが遺した叡智の数々と、それらを普及するべく（日々）尽力なさっている光田先生。

両者の織りなす美しい旋律とエネルギーを、ぜひとも（紙面から）感じていただけましたらと思います。

祝福に満ちた出産・育児のためのリーディング

光田　秀

エドガー・ケイシーは私たちが家庭生活を営み、子供をもうけ、子供を育てることの意義について、とても素敵なリーディングをいくつも遺《のこ》しています。それらの中には、子供を望む夫婦のあるべき態度もあれば、妊娠中の母胎のケアの仕方、安産のためのマッサージ方法、乳児の発育や子供のしつけに関する具体的なアドバイスなど、これから出産を考えている方や、今まさに育児に励んでおられる方々にとって、とても有益な情報が含まれています。

私にも今年（２０２０年）22歳になる娘がおりますが、娘が成長する過程においても、ケイシーのリーディングは私たち夫婦のゆるぎない指針となりました。お陰さまで娘はリーディングの恵みを豊かにいただき、心身共に健やかに成長してくれました。まことに子育ては創造的な喜びです。

さて、池川先生との対談の中でもケイシーのリーディングをいろいろ引用いたしましたが、最後に、出産と育児に関する有用なリーディングを選んで、妊娠前の準備から始まって、出産、育児、子育てと順にリーディングの知恵を味わってみたいと思います。これらのリーディングは子育てに対する私たちの認識に新しい視点を加え、子供を産み育てるという日常の経験をますます祝福に溢《あふ》れたものにしてくれることと思います。

基本的前提

何よりもまず了解されなければならないことは、「われわれは単なる肉体的存在ではなく、その本質は、永遠不滅の高貴な霊である」ということであり、「魂の成長と錬磨のために人は何度も肉体に入り、いつか輪廻転生を越えて、より高い世界に向かう」ということです。

私たちは究極的には「自らの霊的成長のために物質世界に生まれ、この世でさまざまな経験をして、再び霊の世界に戻る」のです。そして、ほとんどの人にとって、家庭生活を営み、子供をもうけ、子供を育てるということは、その人の魂を大いに成長させる大切な経験なのです。あるリーディングは「もし家庭生活を営まないのであれば、その人は、それ以上の社会的貢献をしなければならない」と主張しました。

ほとんどの人は、過去生でご縁あった人を自分の伴侶として選び、そして、過去生でご縁あった魂を家族の一員として招き入れます。神の配慮によらずして、偶然にこの世に入る魂はいない、というのがリーディングの主張です。

このような前提に立てば、私たちは家庭生活というものを霊的視点から捉え直すことができます。自分の伴侶が過去生からの不思議なご縁であると納得するならば、接し方も相当に違ったものになるでしょうし、子育てにしても、過去からの深い絆で結ばれた魂がその小さな肉体に宿っていると思えば、大切に思う気持ちも一層深まるはずです。

これこそが、ケイシー流子育ての基本的前提です。

家庭生活を営むとは

「家庭を築くにあたっては、それを天国の家の雛形のように作ることだ。ただ寝るだけ、ただ休むだけの場所にしてはならない。……天使が訪れたくなるような、天使すら客人として招かれることを望むような家庭や住まいを作ることだ。」（480－20）

これは二十三歳の女性に与えられたリーディングですが、どの人にも当てはまる助言です。日常生活を単なるルーチン作業にしてはもったいない。家庭の隅々に自らの霊性を創造的に反映させることを楽しむことが大切です。香を焚《た》いたり、床の間に生け花を飾るのも良いでしょうし、質の高い家具調度や食器類を用意するのも良いかも知れません。それぞれにふさわしいやり方で家庭生活を愛おしみ、自らの成長のためにも、互いを思いやる練習をすることです。

そして、霊の世界で待機しているご縁ある魂を地上に招き入れるための水路となれるよう、夫婦それぞれが心身共に心がけるのです。そうすれば、神がよきタイミングで縁あるふさわしい子供を授けて下さるに違いありません。

受胎は神の摂理

「なるほど、排卵は特定の時期に生じる生理学的状態である——これは自然の法則である。しかるに、受胎は神の法則である。」（457－11）

「人は——人の魂、人の肉体、人の精神は——あらゆる創造の中で、最も無限に近いものとして創造されたということを覚えよ。

それゆえ、魂をこの世に招き入れるための水路となろうとする者は、神の力そのものを手にしているのである。それは動物や昆虫や他の被造物と同じではない。それらの生殖には常に限界があるからだ。この主張は人間以下のすべての生物の生殖に当てはまる。」（281－55）

「人たる者にとって、魂がこの物質世界を経験できるよう、そのための水路になることほど偉大な任務はない。だから妊娠や出産を、安易な道であると思ってはならない。むしろ、全知にして慈悲深き万物の造り主が、あなたを水路として用い、あなたを通して、その愛が示されることを、喜んで求めるべきである。」（480－30）

これらのリーディングほど、私たちに受胎というものの神聖さを教えてくれるものはありません。

私たちは、男女が性的快楽を求めて交わり、そこに何か偶然が作用した結果として受胎が起きるものと考えがちです。しかし、これらのリーディングは、そのような私たちの浅はかな唯物的認識を撃破します。性的交わりを単なる肉体的行為と見なすのではなく、人間である限り、そこに神秘的な霊的営みが伴うことの自覚が要求されるのです。地上に魂を招き入れるための水路として自らを捧《ささ》げる意識が求められているのです。

旧約聖書の中に、長年不妊に悩んでいたハンナが、神に祈り続けた結果として子供を授かり、その子が後に預言者《よげんしゃ》サムエルになったというエピソードが綴《つづ》られていますが、リーディングは、これを作り話ではなく、私たちにも適用される教訓であると主張します。

家庭生活の在り方、とりわけ夫婦の性的営みについて、私たちは霊的視点からも考える必要があります。

妊娠中の母親の意識が大切

霊的認識は、もちろん、受胎の時だけに限りません。妊娠期間中においてもきわめて重大な意義を持ちます。妊娠中の心の持ち方について質問されて、リーディングは次のように答えました。

「どのような性質の子供を望んでいるかによる。もし子供の一部として美しさや音楽を望むなら、芸術などについて思い巡らすとよい。あるいは機械的な性質を望むのだろうか。もしそういう機械的な性質を望むなら、機械について考え、機械いじりをすることだ。そんなことをしても効果はないと考えてはならない。それらの印象がそのような機会をもたらすのである。ここにすべての母親が知るべきことがある。すなわち、妊娠期間中の心の持ち方は、その特別の期間にそれらの水路を通して入ってこようとする魂の性格と大いに関係がある、ということだ。これらの期間にどのような態度を保つかが、この世に現れようとしている魂に機会を提供するのである。」（２８０３－６）

妊娠中に母親の気持ちが変わると、それまで母胎に宿っていた魂が入れ替わることもリーディングは指摘しています。思いやりに溢れ、肉体的にも精神的にも安定した子供を望むならば、母親自身がそのような態度を保つことがとても大切です。もちろん、そのような環境を用意する父親の役割もそれなりに重要ではありますが。

しかしながら、母胎に入って来る魂に対して、あまりに母親（および父親）の要求が利己的で度が過ぎると、それもまた、神の摂理を歪《ゆが》ませることになります。最終的には、神が最良の魂を授けて下さることを確信し、そのように祈り求めることです。生まれ来る子供に対する親の願いを素直に神あるいは主に伝えながらも、それでも最後は、自分達の願望ではなく、神の御心、主の御心がなされることを求めることです。

妊娠中はカルシウムを中心に食事の化学バランスを考えること

「(問) この人が妊娠のために備える食事を提案してください。

(答) これはすでに示した。もちろん、諸々の状態が全般的に改善されるにつれて、たくさんのカルシウムを摂り続けることだ、そうすればわれわれはより良い改善をもたらす

ことができるだろう。これはとりわけ家禽《かきん》の肉と魚類の軟骨とする。」（1523－7）

「（問）妊娠中に避けるべき食べ物、あるいは積極的に摂るべき食べ物は何ですか？
（答）シリコン、カルシウムを含んでいるもの、眼にとって良いもの――これらはどれも積極的に食べるべきだ。つまり、ニンジン、クレソン、セロリ、レタスを入れたサラダである。さらに時々トマトを食べても良い――ただしトマトは多過ぎてはだめだ。というのもそれらは（収穫した後に）屋内で熟しているからだ。これらはどれもオイル（油）あるいはマヨネーズをかけて食べてもよい。また時々、キクイモやオイスタープラントもよい――これらはそれぞれの良い働きをする。時々カルシウム源としてカルシオスを、とりわけ（妊娠）３カ月か４カ月以降に摂るようにする。週に２回か３回、全粒小麦クラッカーにこれを薄く塗り、そしてそれを食べると良い。」（2803－6）

これから子供をもうけようとする母親は、肉体的にも充分に準備をしておくことが重要です。栄養学的な観点から言えば、特に強調されるのがカルシウムの摂取です。ケイシーは、「カルシオス」というカルシウムのペーストを良く勧めましたが、日本ではサケの中骨缶などが同等の働きをしてくれます。

また妊娠中と授乳中の母親は、自分の食べる物に十分な配慮が必要です。アレルゲンを多く含むものを食べ過ぎたり、レクチンを多く含むナス科（ナス、ジャガイモ、トマトなど）や大豆類を食べ過ぎていると、それらが胎盤や母乳を通じて子供に取り込まれてしまい、子供をアトピーやアレルギーにしてしまうことになります。母親の食べ物には充分に注意することが必要です。

安産のためのマッサージ、腸内洗浄、ヒマシ油パック

「(問) 妊娠中にも腸内洗浄を続けることは勧められますか？

(答) 下剤をたくさん使うよりも、その方がはるかに良いはずである。」（2803－6）

「（問）ヒマシ油パックは、妊娠の妨げとなりますか？　あるいは、流産を誘発しますか？

（答）むしろヒマシ油パックを行うのが良い。妊娠している時に、これは多くの苦しみと心配を取り除いてくれるだろう。」（１５２３－12）

「（問）股関節の痛みはどのようにすれば軽減されますか？

（答）これらにはマッサージが良い。ときどき、股関節をオリーブオイルでマッサージすると良いだろう。あまり歩きすぎてはならないし、あまり運動し過ぎてもならない。どちらの側にも極端にならないように。これらの状態は、これから子供を産めるよう、体が自己調整していることによる、正常な状態である。」（３０１－６）

ケイシーは、母胎を安定させ、健やかな妊娠・出産のための知恵をさまざまに与えてくれましたが、その中でもオイルマッサージ、ヒマシ油パック、腸内洗浄は家庭でも出来る、優れた方法です。これらについては『エドガー・ケイシー療法のすべて』（ヒカルランド刊）に詳しく解説いたしましたので、そちらを参照して下さい。

出産後はココアバターで乳児の背中をマッサージ

「背骨、特に上背部（つまり首から腰の中央あるいは下部まで）にわたって、ココアバターでマッサージすると良いだろう。このマッサージは、温かい手で、とても穏やかにしなければならない。マッサージする時にはココアバターも温かくする（ただし熱くてはいけない）。これを1日に1回か2回行う。」（928－1）

エドガー・ケイシーによれば、赤ん坊は産道を通過する時に、背骨に大きな歪みを残すことが多いということです。その歪みを放置していると、学童期、思春期頃からその歪みが自律神経と中枢神経の協調を妨げるようになり、その結果として子供の集中力が低下し、学業が不振になったり、さらには、てんかんや統合失調症を発症する場合もあると主張します。実際、てんかんと統合失調症の大半は、リーディングによれば、出産時に生じた背骨の歪みに原因があると指摘されています。

新生児の様子が安定してきたならば、一歳くらいになるまでの間、毎日ココアバターで新生児の背骨をマッサージすると良いです。背骨に残っていたかも知れない歪みを早い段階で解消することができ、子供の成育にとても大きな恩恵になるはずです。

また、母乳の出が悪い時に、乳腺をココアバターでマッサージすると、乳房の状態が良くなります。

男の子の育て方、女の子の育て方

「母親らしさを養ううえで、どの国でも人形が役立って来たが、このことを考察した人はほとんどいない。成長過程のどの時期であろうと、人形に親しんできた子供たち――特に少女――は、子供時代に人形遊びを一度もしたことがない人々にはとてもまねのできない家庭を築くものである。」（1436－4）

エドガー・ケイシーは、女の子は幼児期に「お人形遊び」をさせておくと、将来、結婚した時に、上手に家庭を作ることが出来ると主張しています。同様に、男子は、放っておくと、内にこもってしまうので、集団生活やチームプレーのスポーツなどに親しませることを勧めています。

子育てで肝要なこと

ケイシーのリーディングが子育てにおいて強調するものの一つが、「意志力を伸ばすこと」であり、自分の人生のために適切なものを選択する能力を育てることです。

「形成期にあっては、親の見解を無理に押しつけることは子供の意志を破壊することであり、反抗心を形成することになり、それは成長が進むにつれて、その他の意志を破壊するものになってしまう。」（２７６－２）

「どのように選択するかについては指導する必要があるが、本人の意志を壊すような形で導いてはならない。」（１１７９－７）

「日々の一つ一つの経験、一つ一つの思いが、実体にとって、成長あるいは退歩のための機会になる。なぜなら、『今日、今、汝の前に善と悪が置かれている。自分で選ぶべし』という戒めは、永遠に変わることがないからだ。」（１９１３－１）

子供の意志力を伸ばすということは、決して「子供のわがままを許す」ことではありません。放任は、意志力の形成にはまったく寄与しません。まずは親が選択肢を示すことです。そして、子供に、提示された選択肢の中から、自分にとって良いと思うものを選ばせるようにします。

選択力が育つことで、健全な意志力が育つのです。思春期に達するまでに、自分の人生に良いものを自分の意志で選択できるようになれば、その子供は健やかに育ち、社会に出てからも自分が生まれて来たところの意義にかなった人生を自分で生きるようになるはずです。そしてそれは、その人自身にとっても、また産み育てた親にとっても、そして社会にとっても喜ばしいことであるに違いありません。

光田 秀　みつだ しげる
1958年、広島県生まれ。

NPO法人「日本エドガー・ケイシーセンター」会長。

京都大学工学部卒業。

二十歳のころ、エドガー・ケイシーの『転生の秘密』（たま出版）と出会い、霊的人生観に目覚める。

同大学院修了後、政府研究機関での勤務を経て、
エドガー・ケイシーを主とした霊的哲理の研究・翻訳・執筆に専心するように。

現在も引き続き、ケイシーを世に広める活動に尽力している。

主な著書に『ホリスティック医学の生みの親エドガー・ケイシー療法のすべて』シリーズ、『エドガー・ケイシーの超リーディング』（共著・白鳥哲、ともにヒカルランド）、また訳書に『永遠のエドガー・ケイシー』『神の探求』『キリストの秘密』（たま出版）などがある。

池川 明　いけがわ あきら
1954年、東京都生まれ。

帝京大学医学部卒・同大大学院修了。医学博士。

上尾中央総合病院産婦人科部長を経て89年・

神奈川県横浜市に「池川クリニック」を開設。

日本における「出生前・周産期心理学協会（APPPAH、The Association for Pre-&Perinatal Psychology and Health)」のアドバイザー。

胎内記憶の第一人者であり、映画『かみさまとのやくそく』でも知られている。

『タマシイはひたすらびっくり体験とわくわくアイデアだけを求めてあなたにやって来た！』（共著・長堀優）『セックスレスでもワクワクを求めてどんどん子宮にやってくるふしぎな子どもたち』（共著・咲弥、ともにヒカルランド）など、著書多数。

中山 孔壹　なかやま こういち

1960年、福島県いわき市生まれ。

「中山歯科矯正医院」院長。歯科医師。統合医学博士。

河南中医薬大学・仲景中医薬研究院　客員教授。

世界中医薬学会連合会・亜健康（予防）専門委員会理事。

臨床ゲノム医療学会・ゲノムドクター認証医。

「一本の歯／口腔から全身を診る」ことの重要性を説き、実践。

世界の伝統医療より「食のリテラシー」「新・口腔科学」「遺伝子と心」「トラウマ進化論」などを導きだしては「未来型統合医療」の促進に努めている。

トラウマ研究は30年以上にも及び、近年「エピハーモニックトラウマリリース」を構築。

日本人類学会にも在籍し「人類の進化と出産、トラウマ」についての研究結果を発表してきた。国内のみならず、海外でも活躍中。

梅津 貴陽　うめづ たかはる

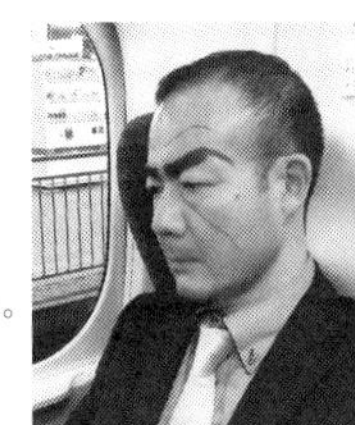

1970年、神奈川県生まれ。

昭和大学歯学部卒業。「生麦駅前歯科クリニック」院長。

歯科医師。医療法人社団藍青会理事長。

食育１級マスター、トウリーダー、シャランメソッドマスター。

歯科医療だけではなく、
人間の健康と生きかたをテーマに日々、研鑽している。

著書に『太った理由は、口の中を見れば分かる』（主婦の友インフォス）『塾では教えてくれない中学受験親の鉄則』（風鳴舎）『いますぐ「いい姿勢」をやめなさい――健康で長生きしたければ』（自由国民社）などがある。

咲弥　さくや

伊豆諸島・神津島生まれ。

リトリートハウス「まざ～ずあーす」女将。

幼少期に虐待を体験し、成人したのちも大病や借金・ホームレス生活など波瀾万丈の人生をあゆむ。

長男を「セックスレスにて宿した」体験をカミングアウトしたブログ「不思議な妊娠」は、あっというまに20,000アクセスを記録・大きな反響を呼ぶ。

著書に『セックスレスでもワクワクを求めてどんどん子宮にやってくるふしぎな子どもたち』（共著・池川明）『咲夜★自叙伝～宇宙の超★履歴書～』（ともにヒカルランド）など。

現在は沖縄に移住し、「まざ～ずあーす２号店」を営んでいる。

編集後記〜『エドガー・ケイシーの未来育児』によせて〜

この本をお手にとってくださった皆さま、（ならびに）
ここまで読みすすめてくださった皆さま、
本当にありがとうございます。
あらためまして、編集を担当させていただきました、
ヒカルランドの加藤と申します。

一般的には「黒子に徹するのが常」といわれる編集業において、このようにシャシャリでてしまうのは（笑）ご法度⁉ なのかもしれませんが……。「本書ができあがるまでの経緯を、できれば記しておきたい！」と思いましたゆえ、筆をとらせていただきました。

本書はもともと、二〇一八年の夏・ヒカルランドで催されたトークショーをキッカケに動きだしたプロジェクトであり、（途中までは文字どおり）トントンと、順調にすすんでおりました。ところが……どういうわけか、ある地点から二つ三つとストップがかかるような出来ごとが重なり、作業はみごとに頓挫。そのあいだに一年、二年と時は流れ（しかしながら）原稿のことはずっと気になっていて、
「どうしたものかなぁ」と一人、頭を抱えておりました。

そんな折、光田先生から「お元気ですか？」とご連絡をいただき……同時に、なぜか⁉ 石井社長からも「この本を出すのは、いまだよ！ 加藤さん‼」とオシリを叩かれ（笑）そうだ、いましかない！ とようやく⁉ 本気モードになった……わたくし（先生方、お待たせして本当にごめんなさい）。

が、この時点ですでに〆切一ヶ月前という（！）タイトすぎるスケジュール感であり、本来なら「どうしよう〜」と困惑するしかない状況……なのですが、いざ原稿に向かってみると「あれ？」というほどスルスルと作業がはかどり、瞬くまに！ 編集作業はクランクアップ。

というのも、（これは少々、言語化がむつかしいのですが）原稿をじっと見つめていると「こういう文章にしてほしい」という回答？ のようなメッセージが、つぎつぎに浮かび上がってくるのです。

じつのところ、わたしはそのようにしてしか、編集（およびライティング）作業をすすめることが出来ないのですが……今回はいつになく、くっきりと、迷いのないメッセージがやってきたように思います。

こんなことを言うと、光田先生に怒られるかも（笑）しれませんが、もしかすると「ケイシーさんが、助けてくださったのかも⁉」と、ひそかにわたしは信じています。さ

しずめ「神のみぞ知る」、もしくは「信じるか信じないかは、アナタしだい！」といったところでしょうか（笑）。

さいごになりましたが、光田先生、池川先生、お忙しいなか無謀ともいえる（！）強行スケジュールに（目くじらひとつ立てずに）ご協力いただきまして、本当にありがとうございます。先生方の心の広さに日々、救われておりました（笑）。

また、「Part2」でそれぞれ、
たいへん貴重なエピソードをシェアして下さいました、中山先生、梅津先生、咲弥さん。（主役のおふたりと同様）わたしからの連絡がギリギリだったにも関わらず、温かく迎えて下さり、感無量の思いでございました。
お忙しいなかご協力いただき、心より感謝しております。

何しろ、たくさんの方にお世話になっているもので、
お礼を申し上げてゆくとキリがないのですが……（笑）

端的なキーワードのみで、わたしの意図を汲みとってくださる、装丁デザイナーの三瓶可南子さん。驚くべきスピードと正確さをもって、原稿を仕上げてくださる、宮田速記の皆さま。すばらしい見識と洞察力をそなえた、麦秋アートセンターの校正スタッフ陣。外まわりでお忙しいなか、こまごまフォローをくださる、中央精版の熊谷さん。

そして、いつもいつも……わたしの悪筆すぎる（笑）赤字ゲラを黙々と処理・サポートしてくださる、キャップスの皆さま。

みなさんのおかげで、
ここまでたどり着くことができました。
本当にありがたく、感謝の気持ちでいっぱいです。
ありがとうございます。

そして、（身内ごとで恐縮ですが）多岐にわたってアドバイスをくださる溝口編集長、ぶっきらぼうな物言いをもって⁉ 手厚くご指導くださる（笑）ヒカルランド・石井社長にも、この場を借りてお礼を申し上げたいと思います。

ありがとうございます！

二〇二〇年六月
ヒカルランド編集・加藤弥絵（yae works）

さぁ！ つぎのページでは、光田先生おすすめのケイシー療法をご紹介します。
もっとくわしく知りたい方は、「テンプルビューティフル」のオフィシャルサイトをご覧くださいませ♪
みかん

コラム②

《ケイシー流・みかんでインフル&コロナ予防!?》

エドガー・ケイシーは、みかんやポンカン・ライムやレモン……。

とにかく「柑橘系をよく食べるように」すすめています。

（日本人だとやはり、みかんが定番でしょうか？）

とにかく、わたしたちの体を「弱アルカリ性」に保つにあたって、柑橘系は有効なのです。

とかく「酸性」に傾きがちな体を「弱アルカリ性」にもっていく上で、柑橘系ほど急速に効くものはありません。

注意事項としては、

「炭水化物と（柑橘系を）いっしょに食べないこと」。

炭水化物は、少なくとも前後２時間くらいあけて食べるようにします。食間におやつとして（みかんを）食べるのもいいでしょう。

さらに、「からだを急速にアルカリ化したい」ときに
オススメなのが「朝食にみかんだけ食べる」方法です。

しかも、毎日みかん食にするのではなく、
ふつうの朝食と交互にするのが理想です。

たとえば、
○月・水・金→みかん食
○火・木・土→ふつうの朝食
という感じでしょうか。
リーディングの主張によれば、
人の体が弱アルカリになっているときには、
インフルエンザやコロナのウィルスは増殖できないそうです。

コラム①

《アップルブランデーの蒸気吸引》

ケイシーが「肺のトラブル」によくすすめた方法です。
その根拠として、
「アップルブランデーの蒸気は、肺の細胞を賦活させ・
（ウイルスを含む）病原菌への抵抗力を増大させる」とのこと。
本来は「焼き焦がしたオーク樽に……」とはじまるレシピなのですが（オーク樽が入手しづらい場合などに）、
自宅で手軽にできる方法を記します。

①500㎖くらいの適当なサイズのペットボトルを用意し、
　そこに純粋のアップルブランデー（ニッカの『ＶＳＯＰ白』や『ＸＯ白』など）を半分くらいまで入れます。
②浄水に使える備長炭などの炭があれば、
　ひとかけら入れます（※炭はなくても全然ＯＫです）。
③あとは、ボトルの上半分に溜まる蒸気をストローや
　適当なチューブでゆっくり肺まで吸いこみます。

水パイプなどをセットすれば、さらに吸いやすくなるでしょう。
これを朝晩、毎回１～２分、
ゆっくり「肺まで吸っては、吐く」とくり返して行います。

本とコーヒーとオカルトをこよなく愛する！
ヒカルランド・石井社長

ホリスティック医学×胎内記憶

エドガー・ケイシーの未来育児

日本初！ ケイシー流「育児指南書」ここにあり

第一刷 2020年6月30日

著者 光田 秀
池川 明

発行人 石井健資
発行所 株式会社ヒカルランド
〒162-0821 東京都新宿区津久戸町3-11 TH1ビル6F
電話 03-6265-0852 ファックス 03-6265-0853
http://www.hikaruland.co.jp info@hikaruland.co.jp
振替 00180-8-496587
本文・カバー・製本 中央精版印刷株式会社
DTP 株式会社キャップス
編集担当 加藤弥絵

落丁・乱丁はお取替えいたします。無断転載・複製を禁じます。
©2020 Mitsuda Shigeru, Ikegawa akira Printed in Japan
ISBN978-4-86471-803-5

本といっしょに楽しむ ハピハピ♥ Goods&Life ヒカルランド

〈DVD〉
ホリスティック医学の生みの親
《エドガー・ケイシー療法のすべて》

料金（すべて税込）
プレ・レクチャー
5,093円
講座（第１〜９回）
15,278円（１回あたり）
全10回講座 DVD 一括
122,222円

【連続講座 DVD】
ホリスティック医学の生みの親
《エドガー・ケイシー療法のすべて》
講師：光田秀（NPO 法人日本エドガー・ケイシーセンター会長）

2017年にヒカルランドパーク５周年記念イベントとして開催された特別連続講義、待望のDVD化!!　日本におけるエドガー・ケイシー研究の第一人者、光田 秀氏による網羅的・実践的な講座内容をノーカットで収録いたしました。
お得な10巻セットも用意しております。

【プログラム】
・プレ・レクチャー
・第１回：エドガー・ケイシー療法と皮膚疾患（湿疹、アトピー、乾癬など）
・第２回：エドガー・ケイシー療法とがん（予防法および臓器別治療法）
・第３回：エドガー・ケイシー療法と成人病（高血圧、糖尿病、関節炎など）
・第４回：エドガー・ケイシー療法と免疫疾患（リウマチ、膠原病など）
・第５回：エドガー・ケイシー療法と神経疾患Ⅰ（認知症、てんかん、統合失調症など）
・第６回：エドガー・ケイシー療法と神経疾患Ⅱ（ALS、パーキンソン、筋ジス、多発性硬化症など）
・第７回：エドガー・ケイシー療法と精神疾患（うつ病、自閉症、学習障害、不安症など）
・第８回：エドガー・ケイシー療法と婦人科疾患（月経困難症、子宮筋腫、膣炎など）
・第９回：エドガー・ケイシー療法と美容法（育毛、美肌、ホクロ・イボ、フケ、爪、痩身など）

【お問い合わせ先】 ヒカルランドパーク

＊ご案内の価格、その他情報は発行日時点のものとなります。

ヒカルランド　光田 秀の本 好評既刊&近刊予告!

地上の星☆ヒカルランド　銀河より届く愛と叡智の宅配便

エドガー・ケイシー療法の本!

エドガー・ケイシー療法のすべて 1
皮膚疾患／プレ・レクチャーから
特別収録
著者：光田 秀
四六ハード　本体2,000円+税

エドガー・ケイシー療法のすべて 2
がん
著者：光田 秀
四六ハード　本体2,000円+税

エドガー・ケイシー療法のすべて 3
成人病／免疫疾患
著者：光田 秀
四六ハード　本体2,000円+税

エドガー・ケイシー療法のすべて 4
神経疾患Ⅰ／神経疾患Ⅱ
著者：光田 秀
四六ハード　予価2,000円+税

エドガー・ケイシー療法のすべて 5
婦人科疾患
著者：光田 秀
四六ハード　予価2,000円+税

エドガー・ケイシー療法のすべて 6
美容法
著者：光田 秀
四六ハード　予価2,000円+税

ヒカルランド　好評既刊＆近刊予告！

地上の星☆ヒカルランド　銀河より届く愛と叡智の宅配便

コロナと胎内記憶とみつばち
著者：船橋康貴／池川 明
四六ソフト　予価2,000円+税

エドガー・ケイシーの超リーディング
著者：白鳥 哲／光田 秀
四六ハード　本体1,815円+税

タマシイはひたすらびっくり体験とわくわくアイデアだけを求めてあなたにやって来た!
著者：池川 明／長堀 優
四六ソフト　本体1,815円+税

セックスレスでもワクワクを求めてどんどん子宮にやってくるふしぎな子どもたち
著者：池川 明／咲弥
四六ソフト　本体1,620円+税

宇宙からの覚醒爆弾
『炎上チルドレン』
著者：松久正／池川明／高橋徳／胡桃のお／大久保真理／小笠原英晃
四六ソフト　本体1,800円+税